EBONY WHITE

UNBERECHENBARE GIER

EROTISCHE GESCHICHTEN

BLUE PANTHER BOOKS

blue panther books Taschenbuch
Band 2663
1. Auflage: November 2022
2. Auflage: Oktober 2023
3. Auflage: Dezember 2023
4. Auflage: Januar 2024
5. Auflage: Juli 2024
6. Auflage: September 2024
7. Auflage: Januar 2025

Vollständige Taschenbuchausgabe
Originalausgabe

Lektorat: Nicola Heubach

Cover:
© forewer @ 123RF.com
Umschlaggestaltung: MT Design
Gesetzt in der Trajan Pro und Adobe Garamond Pro

Printed in Poland
ISBN 978-3-7507-1609-4
www.blue-panther-books.de

Hersteller: blue panther books OHG
Osterfeldstrasse 12-14 | 22529 Hamburg | Deutschland
E-Mail: info@blue-panther-books.de

INHALT

Mit dem Gutschein-Code

EW3TBACJI

erhalten Sie auf **www.blue-panther-books.de** diese exklusive Zusatzgeschichte als E-Book in den Formaten PDF, E-PUB und Kindle. Registrieren Sie sich einfach online oder schicken Sie uns die beiliegende Postkarte ausgefüllt zurück!

Sexsüchtig

Ich bin Lia Mai und neunundzwanzig Jahre alt. Seit einiger Zeit quält mich eine permanente Unzufriedenheit. Alles in meinem Leben ist so eintönig und langweilig, dass ich pausenlos schreien möchte. Ich weiß, dass ich bei vielen Leuten damit auf Unverständnis stoße. Aus der Sicht von anderen habe ich alles, was man sich erträumen kann. Doch die Wahrheit ist, dass die ewigen Verpflichtungen und die mangelnde Freiheit mich auffressen. Denn ich bin sexsüchtig und kann diesen Trieb nicht länger unterdrücken. Für viele ist das eine Qual, unter diesem ständigen Verlangen zu leiden und anderen Menschen damit wehzutun.

Doch für mich wäre es eine größere Hölle, es nicht auszuleben. Ich brauche Abwechslung, und wenn ich nicht bald in meinen Leben dem Ruf meiner Seele folge, dann werde ich eingehen, wie eine Rose, die niemals gegossen wurde.

Aus diesem Grund bin ich in einer Nacht- und Nebel-Aktion von zu Hause geflohen. Vielleicht stellt sich irgendwann heraus, dass es ein Fehler war. Doch in diesem Augenblick gibt es nichts, was mich hält. Wirklich gar nichts.

Die Luft in meinen Wänden ist so verpestet mit Kontrolle und Respektlosigkeit und mangelnder Befriedigung, dass ich nur ausbrechen möchte.

Ein Alltag als Gefangene ist kein Leben, sondern nur ein Überleben. Ich bin eingesperrt und will weg, weg von allem, was mich davon abhält, ich zu sein.

***

Ich sitze im Taxi und blicke aus dem Fenster des Wagens. Die Stadt wirkt im Dunkeln wie Las Vegas. Ein Meer von Lichtern und Farben erhellt die Straßen, obwohl es Nacht ist. Ich weiß nicht, wo mein Weg mich hinführt. Aber ich weiß, dass heute mein neues Leben startet.

»Das macht hundertfünfzig Euro«, sagt der Taxifahrer und hält vor dem besten Hotel der Stadt.

»Was, so viel?«, frage ich.

Er nickt und verweist auf den Monitor, der die Summe anzeigt.

»Na, das geht ja gut los!«, sage ich und suche in meiner Geldbörse nach dem Betrag.

Ich bin nervös, denn so viel Geld habe ich nicht in bar. Der Fahrer mit den grauen Haaren sieht mich ungeduldig an.

»Sorry! So viel habe ich nicht dabei. Können wir das vielleicht anders lösen?«, frage ich.

»Also, ich wüsste da was«, sagt er und legt seine Hand auf meinen Oberschenkel.

Es ist, als würde mir auf der Stirn geschrieben stehen, was mein liebstes Hobby ist. Jedoch gibt es ein Problem, er ist überhaupt nicht mein Beuteschema. Angewidert nehme ich seine Hand von mir herunter. Sein Vorschlag gefällt mir nicht – jedenfalls nicht mit seinen Bedingungen. Doch im Verhandeln für meine eigenen Bedingungen bin ich gut.

»Also, pass auf, ich gebe dir fünfzig Euro, zeige dir meine nackten Titten, die keinen BH benötigen, weil sie operiert sind. Ich schiebe mir vor dir einen Finger in die Muschi, den du danach ablecken darfst. Aber das muss reichen. Deal?«

»Das ist ein bisschen wenig, oder?«

»Du kannst mich auch einfach zur Bank fahren, und ich bezahle dir die Kohle. Dann musst du aber auf den Genuss meines Mösensafts verzichten. Also wähle jetzt«, sage ich bestimmend, denn ich habe keine Zeit zu verlieren.

Mit dieser Antwort hat er nicht gerechnet, und an seinem Blick sehe ich, dass der Geschmack meiner Möse ihn mehr reizt als das Geld. Nach einer kurzen Überlegung willigt er ein.

»Okay, Deal!«, sagt er.

Ich drehe mich zu dem Perversen hin und sehe ihn an, während er ungeduldig darauf wartet, dass ich das Versprechen einlöse.

»Hier sind schon mal fünfzig Euro«, sage ich und gebe sie ihm.

Der alte Mann nimmt den Schein und steckt ihn in die Tasche, die oberhalb an seiner Jacke angebracht ist. Innerlich bereite ich mich auf den nächsten Teil der Abmachung vor.

Wäre das doch wenigstens mein Typ, denke ich mir, als ich langsam das Shirt hochrolle. Erst über den Bauchnabel, der von einem roten Bauchnabelpiercing geziert wird, und dann über meine nackten Titten, deren Knospen aufgerichtet sind.

Sofort entsteht bei dem alten Mann eine dicke Beule in der Hose, was mich amüsiert. Jetzt bekomme ich Freude dran, ihn aufzugeilen, um ihn dann notgeil zurückzulassen. In meinem vorigen Leben wäre das niemals möglich gewesen, jedenfalls nicht offiziell. Doch nun bin ich frei und sammle neue Erfahrungen.

Teuflisch hebe ich dafür meinen Rock hoch, sodass er Einblick auf meinen Slip bekommt. Ich wette, er platzt gleich vor Geilheit, als meine Hand das Höschen herunterschiebt.

»Na, gefällt dir das?«, frage ich ihn.

»Oh ja«, sagt er und mustert meine glattrasierte Muschi. Lüstern beobachtet er, wie ich meinen Zeigefinger und Mittelfinger in meinem Loch versenke.

»Ohhhhhhhh!«, stöhne ich dabei, um den alten Sack richtig zu erregen.

Ein paar Mal bewege ich die Finger in meiner Höhle, sodass ich genug Muschisaft für meinen Chauffeur aufnehme. Er ist wie erstarrt und kann nicht glauben, was er da sieht. Ich wette, so was passiert ihm nicht jeden Tag und freue mich darüber, eine heiße Erinnerung in seinem Leben zu werden.

»Eine Kostprobe gefällig?«, frage ich, während ich zufrieden die Finger wieder aus mir herausziehe.

Er ist sichtbar nervös, als ich die exzessive Delikatesse zu seinem Mund führe und darauf warte, dass er sündigt. Doch ich bin kein Unmensch und helfe ihm, seinem Drang nachzugeben. Mit einem Lächeln streichle ich mit den Fingerspitzen über seine Lippen, während mein Duft in seine Nase krabbelt und ihn betört. Die kleine Hilfe zeigt Wirkung. Automatisch öffnet er leicht den Mund, sodass ich in seinen Schlund eindringen kann.

»Lutsch dran und sag mir, ob es dir schmeckt«, sage ich.

Er tut, was ich verlange. Wie ein Junkie lutscht er jeden Tropfen meines Muschisafts vom Finger und bekommt nicht genug. Das Sekret verwandelt ihn in einen Vampir, der Blut geleckt hat und nach Nachschub verlangt, obwohl längst nichts mehr dran ist.

Ich ziehe meinen Zeigefinger heraus und biete ihm meinen Mittelfinger zum Nachtisch an. Wieder verzehrt er sich nach der Droge, die er vorher nicht kannte. Doch wie heißt das Sprichwort? Wenn es am schönsten ist, soll man aufhören.

»Okay! Ich denke, du hast nichts übrig gelassen«, sage ich und löse die gespielte Zweisamkeit zu seinem Bedauern auf.

Während ich kein Problem damit habe, von ihm zu gehen, will er jetzt mehr. Er fasst sich zwischen die Beine und massiert seinen Schwanz anzüglich.

»Willst du wirklich schon gehen?«, fragt er und fleht mich mit seinem Blick an, zu bleiben.

Aber keine Chance. Ich zwinkere ihm zu und bringe meine Kleidung wieder ordentlich in Position, um aus dem Taxi zu steigen.

»Bitte den Kofferraum öffnen und ein schönes Leben noch«, sage ich und öffne die Tür.

***

Als ich aus dem Wagen steige, nehme ich den Duft von Freiheit auf und schaue in den Himmel, den Millionen Sterne heute

Nacht erhellen. Hier wirkt alles so friedlich, so einfach. Doch das war es bisher nicht in meinem Leben.

Ich stoße die Luft aus und richte meinen Blick zur leuchtenden Schrift, die über dem Eingang vom Hotel blinkt.

»Blue Mall, das Beste in der Stadt«, steht dort.

»Na, ich werde mal sehen, ob du diesem Ruf auch gerecht wirst«, sage ich und nehme den Koffer aus dem Kofferraum.

Die Leichtigkeit, die mich umgibt, während ich die Klappe schließe, verwundert mich selbst. Nicht mal das kleine Spiel mit dem Taxifahrer lässt mein schlechtes Gewissen erwachen. Doch das zeigt mir, dass ich für das neue Leben, das mich erwartet, bereit bin. Selbstsicher schiebe ich meinen Rollkoffer über die Straße zum Hotel.

Ein älterer Mann steht vor der Drehtür am Eingang und raucht im Schlafanzug eine Zigarette.

»So spät noch auf den Beinen?«, fragt er mich.

»Es ist nie zu spät, neu anzufangen«, sage ich und betrete das Gebäude.

Wow, das nenn ich mal einen Anblick! Das Foyer ist riesengroß, und die kleinen gedimmten LEDs in der Decke wirken wie ein Sternenhimmel, der den Eingangsbereich erhellt. Direkt gegenüber der Eingangstür steht der Anmeldetresen. Er glänzt genauso schwarz, wie der hochpolierte dunkle Fußboden und wirkt durch die Lichter über mir magisch.

Hinterm Tresen ist ein Mann, der zum Ambiente des Hotels passt. Er sieht mit seinen braunen Haaren wie ein Topmodel aus einem Boulevardmagazin aus. So gut auszusehen, sollte verboten werden. Ich wette, er kann sich vor Angeboten kaum retten, denke ich, als ich auf ihn zulaufe. Aber welche Frau würde bei diesen eisblauen Augen nicht schwach werden.

Er mustert mich von oben bis unten, als würde er nach jedem Detail meines Körpers dürsten. Ich fühle mich unwohl, doch gleichzeitig belebt.

»So spät noch auf der Suche nach einem Zimmer?«, fragt er mich.

»Sieht fast so aus!«

Röte steigt mir ins Gesicht, als er mir ein Lächeln schenkt. Von dem eben noch so selbstbewussten Luder im Taxi fehlt bei diesem Schönling jede Spur. Das war schon immer mein Problem. Dominant bei Menschen, die mich nicht interessieren und schwach bei den heißen Sahneschnitten.

Eingeschüchtert fällt mein Blick auf sein Namensschild.

»Carlo Santian, Hotelfachmann«. *So wie er aussieht, sollte das Wort Hotelfachmann lieber mit dem Wort Hotelschmuckstück ausgetauscht werden*, denke ich.

»Sie haben Glück. Wir haben noch ein Doppelzimmer frei und ein Penthouse. Was darf es sein?«

»Ich denke, ich nehme das Doppelzimmer.«

»Sie denken oder Sie sind sich sicher?«

»Ich bin mir sicher.«

»Sie brauchen wohl jemanden, der Ihnen bei wichtigen Entscheidungen behilflich ist«, sagt er provokativ.

»Bitte was?« Mit großen Augen sehe ich ihn an und bin fassungslos über seine Worte.

Ist er einfach nur verdammt unverschämt oder flirtet er gerade mit mir? Oder will er seinen fetten Schwanz in mich einlochen?

»Sorry, ist mein Eindruck!« Er wendet sich von mir ab und lächelt spitz, als er etwas in den PC eingibt.

Sofort übermannt mich die Nervosität. Wie zu erwarten, bin ich ihm gegenüber nicht immun und bekomme sofort Sexgedanken. Ich hatte schon immer eine Schwäche für Männer, die kein Blatt vor den Mund nehmen und sein Aussehen dazu, ist mein Untergang. Dass mein Leben ein Chaos ist, wird mir jetzt wieder bewusst. Kaum lasse ich den einen hinter mir, liefert mir das Universum gleich den nächsten Leckerbissen.

»Geben Sie mir einfach die Zimmerschlüssel. Ich möchte nur noch ins Bett.«

»Haben Sie nicht etwas vergessen?«

»Vergessen?«

»Ihren Namen. Auf welchen Namen geht die Buchung?«

»Oh Entschuldigung. Sie haben recht. Mai, mein Name ist Lia Mai.«

»Lia Mai«, sagt er und zieht den Namen beim Aussprechen so in die Länge, dass es mir vorkommt, als würde er mich damit aufziehen. Aber vielleicht bin ich nur überempfindlich und bilde mir das ein.

Völlig durch den Wind beobachte ich ihn dabei, wie er meinen Namen amüsiert in den PC eintippt. Ich weiß nicht, was mich an ihm so fasziniert. Ob es die Augen sind, die Art, wie er sich bewegt, oder einfach nur die Tatsache, dass er einen Schwanz hat. Die Magie, die ihn umgibt, benebelt meinen Verstand.

Während ich Carlo sekündlich attraktiver finde, dreht er sich um. Er greift in ein Kästchen im Regal, in dem der Schlüssel für das Hotelzimmer gelagert ist, das ich gebucht habe.

»Zimmer 105 ist deins«, sagt er und zieht den Zimmerschlüssel aus dem Fach. Doch statt ihn mir zu geben, kommt er hinter dem Anmeldetresen hervor und läuft in Richtung Treppe.

Irritiert, dass er mich auf einmal duzt und vorläuft, blicke ich ihm hinterher.

»Äh, was soll das?«, frage ich.

»Folge mir, Lia Mai. Ich bringe dich zu deinem Zimmer. Du hast Glück. Es liegt direkt neben meinem.«

»Oh, na wie schön!«, sage ich sarkastisch und fühle mich durch seine freche Art provoziert.

Doch obwohl er mich reizt, kribbelt es zwischen meinen Beinen, als würde sich eine Ameisenarmee den Weg in mein Fickloch suchen. Ja, ich hatte schon immer eine Schwäche für temperamentvolle Männer. Vor allem, wenn sie so einen knackigen Hintern haben wie er.

Kurz vor der ersten Treppenstufe biegt Carlo nach links ab zum Fahrstuhl und drückt auf den Knopf, während er mich anlächelt.

»Also ein Gentleman hätte mir meinen Koffer abgenommen, wenn er schon möchte, dass ich ihm folge«, sage ich.

»Ich habe nie gesagt, dass ich ein Gentleman bin«, kontert Carlo und zuckt mit den Schultern. Dabei lächelt er verschmitzt und sieht mich eindringlich an.

Sein Blick ist gierig und entkleidet mich mit einer Besessenheit, die mir unangenehm ist.

»Ohhh, herrisch«, sage ich und runzle die Stirn.

Ich bin innerlich aufgewühlt, fühle mich lebendig und aphrodisiert. Mein Verstand wehrt sich, während mein Bauch mehr von ihm erfahren will. Ob er das Knistern in der Luft auch spürt?

Ich stelle mir bereits vor, wie er nackt unter mir liegt, während ich ihn genüsslich reite. Mir gefällt die schmutzige Fantasie, die er in mir auslöst, sodass ich das Grinsen nicht unterdrücken kann.

In dem Moment kündigt ein heller Ton den Fahrstuhl an, der mich wieder aus meinem Wunschtraum reißt.

»Ladys first«, sagt Carlo.

Wenn der wüsste, dass ich gerade den Taxifahrer den Finger in den Mund geschoben habe, würde er mich nicht als Lady bezeichnen!, denke ich. Aber was er nicht weiß, macht ihn nicht heiß.

Anmutig gehe ich an ihm vorbei und wackle mit Absicht mit dem Arsch, um ihn aufzugeilen. Obwohl ich keine Augen im Hinterkopf habe, spüre ich, wie sein Blick an meinem wohlgeformten Hinterteil haften bleibt und mein Plan aufgeht.

Im Fahrstuhl spitzt sich die Situation zu. Er ist mir so nah, dass mir mein nymphomanisches Wesen zu Kopf steigt. Es fällt mir schwer, nicht an Sex zu denken. Am liebsten würde ich ihm sofort die Klamotten vom Leib reißen.

»Natürlich liegt das Zimmer ganz oben!«, sage ich, als er den obersten Knopf drückt.

»Die besten Zimmer liefern den besten Ausblick.«

»Ach, tatsächlich? Gut zu wissen.« Provokativ grinse ich ihn an.

»Von mir kannst du noch etwas lernen«, sagt er.

»Fragt sich nur was!«, gebe ich zurück.

Dass es zwischen uns prickelt, ist nicht zu leugnen. Doch als unerwartet das Licht im Fahrstuhl flackert und der Lift anfängt zu ruckeln, werde ich panisch.

»Was hat das zu bedeuten?«, rufe ich erschrocken, während die Wucht, mit der der Aufzug zum Stehen kommt, mich in seine Arme drückt.

»Oh nein, nicht schon wieder«, sagt Carlo völlig entspannt, während mir der Angstschweiß auf die Stirn tritt.

»Nicht schon wieder?« Fragend blicke ich ihn an. Ich stehe so nah bei ihm, als wären wir Vertraute und keine Fremden.

»Das ist das zweite Mal in diesem Monat. Ich war von Anfang an gegen diese Wartungsfirma, aber mein Chef wollte davon nichts hören. Scheint so, als würden wir beide etwas Zeit zu zweit auf engstem Raum verbringen müssen«, sagt er und verschwindet vollständig im Dunkeln, als die Lampe im Fahrstuhl versagt. Lediglich sein Atem und die Wärme, die von ihm ausgeht, beruhigen mich zunehmend. Als mir bewusst wird, was er mir da eben erzählt hat, bemerke ich, wie meine Handflächen auf seiner Brust liegen und mein Becken bereits gegen seine Jeans drückt. Bingo, der Himmel hat mich erhört.

Auch Carlo lässt die Angelegenheit nicht kalt, und er hat

nicht vor, das vor mir geheim zu halten. Im Gegenteil. Mutwillig presst er seinen Unterleib ein Stück fester an mich ran. Er ist mir so gefährlich nahe, dass ich das Ausmaß der Beule in seinem Schoß erkenne. Das Spielzeug in seiner Hose ist beachtlich groß und wächst über meine Erwartungen hinaus. Oh mein Gott, wie sehr ich ihn will!

Die Nässe, die er mir damit in den Slip treibt, spricht Bände, und Lust durchfährt meinen Körper.

Ob das Schicksal ist, dass wir beide in diesem Moment zusammen sind? Oder sogar ein Zeichen, dass ich meine nymphomanische Ader ausleben soll?

Jede Sekunde mit ihm in diesem engen Schacht lässt mich ungestümer werden. Meine Sexsucht und dieser heiße Hotelmitarbeiter erzeugen eine explosive Mischung, deren Ausmaß nicht vorhersehbar ist.

Meine Gier ermordet den Verstand und lässt sich auf das Abenteuer ein. Ich verwandle mich in die Nymphe, die ich lange vor der Außenwelt versteckt hielt. Lüstern streichle ich mit den Fingerspitzen über seinen Brustkorb und male die Umrisse seiner Muskeln nach.

»Was denkst du wohl, wie lange wir hier eingesperrt sind?«, frage ich ihn und drücke meine Becken gegen das harte Stück Fleisch, das danach schreit, befreit zu werden.

»Das letzte Mal waren es mehrere Stunden«, raunt er sachte in mein Ohr.

Diese Antwort gefällt mir. Ohne ein Wort zu sagen, nutze ich die Gelegenheit und wandere mit den Fingern zum Saum seiner Hose. Die Schlampe in mir erwacht zum Leben. Der Duft seiner Lust und das Verlangen zwischen uns beiden verwandeln den Fahrstuhl in einen Sexlift. Gierig nach seinem Fleisch führe ich meine Hand in seine Hose hinein, denn ich habe nicht vor, den Lift ungefickt zu verlassen.

»Du Luder!«, raunt er und lässt es sich nur allzu gern gefallen.

»Wenn du wüsstest …«, flüstere ich.

Meine Wollust leitet mich zu dem Prachtstück, das ihn zum Mann macht. Als meine Haut seine berührt, und ich das dicke Stück Fleisch umfasse, packt mich die Lust in vollem Ausmaß, denn es fühlt sich gut an. Verdammt gut!

Mit meinem Daumen verreibe ich die Leidenschaft, die aus seiner Eichel tropft, sanft auf seiner Kuppe. Oh ja, das gefällt ihm und lässt ihn nicht kalt.

Carlo packt mein Haar und drückt seine Nase auf meinen Hals, während ich seinen gewaltigen Schwanz Zentimeter für Zentimeter erforsche.

»Ohh!«, stöhne ich und bekomme eine Gänsehaut von seinem Atem.

Jetzt will ich das volle Programm. Zufrieden lasse ich von seinem Pimmel ab und ziehe meine Hand aus seiner Hose. Denn da ich von dem mächtigen Volumen weiß, möchte ich wissen, wie es sich anfühlt, damit gestopft zu werden – Geduld war noch nie meine Stärke.

Während seine Hände grob meine Titten erkunden, befreie ich ihn von der Jeans samt Boxershorts und ziehe beides über seinen Arsch. Sein geiler Po verlockt, sich an ihm zu vergehen. Wie von Sinnen spreize ich seine Pobacken ein wenig auseinander und massiere sie. Das gefällt ihm, sodass ein Stöhnen seinen Mund verlässt und diesem sündhaften Moment seine eigene Note verleiht.

Es wird Zeit, ihm und mich von dem Druck, der auf uns lastet, gänzlich zu befreien. Ich ziehe die Hose bis zu seinen Füßen hinunter, während ich mich vor ihm hinknie. Obwohl ich nichts sehe, spüre ich, wie sein dicker Schwanz darauf wartet, zum Einsatz zu kommen. Oh ja, er ist mir ganz nah und will in mein nasses Loch.

Willig greife ich nach seinem harten Gerät, und der Gedanke daran, dass ich die Dame bin, die ein unstillbares Verlangen in ihm auslöst, treibt mich an, Vollgas zu geben. Sanft hauche ich auf seine Kuppe und liefere ihm einen kleinen Vorgeschmack von dem, was ihn gleich erwartet.

»Na, gefällt dir das?«, frage ich ihn.

»Oh ja«, sagt er und vergräbt seine Hand in meinem Haar.

Zaghaft strecke ich meine Zunge heraus, um von seinem Schwellkörper zu kosten. Als meine Zungenspitze die warme Haut von seinem Schwanz berührt, zuckt er kurz zusammen und packt mein Haar ein Stück fester.

Doch statt mich von meinem Kurs abzubringen, treibt es mich weiter an. Mit meiner rauen Zunge streife ich hoch zu seiner Kuppe, um ihm die Lust herunter zu lecken. Was für ein Genuss! Er schmeckt nach Abenteuer und formt mich zu einer Figur in seinem Spiel. Dabei bemerkt er nicht, dass er mein Spielzeug ist.

Der sündige Saft, der aus seiner kleinen Öffnung heraustropft, vermischt sich mit meinem Speichel und berauscht mich wie eine Droge.

Während meine Zunge ihn verwöhnt, ergreife ich seine prachtvollen Hoden und massiere sie ausgiebig. Sein Keuchen verrät mir, dass ich meine Arbeit gut mache und eine Meisterin in diesem Fach bin.

Dann ist es so weit. Ich öffne meinen Mund, um seine volle Männlichkeit in mir aufzunehmen. Stück für Stück tue ich es und lasse sein Fleisch in meiner engen Kehle verschwinden. Einen Moment würge ich, doch dann halte ich die Luft an und schiebe die restlichen Zentimeter, mit der Hand unter seinem Hoden, noch rein.

»Gott ist das geil!«, stöhnt er auf, während sich die schmierige Substanz in meinem Rachen bildet, die sein Erlebnis intensiviert.

Carlo verliert jede Kontrolle über sein Handeln und verfällt seinem Trieb. Ich hatte schon immer einen Drang für dominante Männer und statt es mich abschreckt, wird meine Muschi nasser denn je.

Mit der Hand an meinem Kopf übernimmt er die Führung. Als wäre ich ein Spielzeug, bewegt er meinen Kopf auf und ab, sorgt somit für die Reibung, die er genau in diesem Moment braucht. Er gönnt mir nur wenige Sekunden, um Luft zu holen. Doch sie reichen, um nicht zu ersticken.

Oh bitte, fick mich!, flehe ich ihn in Gedanken an, während mein Hals von ihm missbraucht wird.

Meine Hände wandern zu seinem Arsch und spreizen seine Arschbacken auseinander. Langsam gleite ich mit einem Finger über den Eingang seines Afters hinunter zum Damm, um ihn gleichzeitig zu massieren. Die Dammmassage ist zu viel für ihn. Er zieht meinen Kopf zurück und lässt von mir ab.

»Dreh dich um! Ich will dich von hinten ficken!«, befiehlt er und packt mein Kinn.

»Was du willst, interessiert mich nicht!«, sage ich und stehe auf, während er vor mir steht und sein harter Schwanz durchs Kleid gegen meine Möse drückt.

»Sollte es aber!«, meint er und presst herrisch seine Lippen auf meine, während er mich mit den Rücken an die Fahrstuhlwand drückt und unbeherrscht mit den Händen unter mein Kleid wandert. Voller Gewalt zerreißt er meinen String und wirft ihn zu Boden. Gott ist das geil! Dieser Moment ist aufregender als die letzten zwei Jahre zusammen. Besessen von meinem Körper streift seine Hand meine Schenkel entlang nach oben zu meinem durchnässten Loch. Ich kann es kaum erwarten, dass er mich berührt, und stöhne auf, während er mir mit seinem Kuss Leben einhaucht.

Ungeduldig drücke ich ihm mein Becken entgegen, als seine

Fingerspitzen endlich mein intimstes Körperteil entdecken.

Ich stöhne auf, als er geübt zwei Finger in mich einführt und mit ihnen mein ausgehungertes Loch stopft. Er bewegt sie wie ein Profi und spielt mich so feucht, dass seine Finger in einem Meer der Gier ertrinken. Aus einer Welle entsteht ein Tsunami, der so stark ist, dass er mich zu Fall bringt. Doch obwohl ich falle, schwebe ich bis zu den Wolken, als Carlo mich befriedigt und mit seinem Mund langsam über meinen Hals gleitet.

Sein warmer Atem auf meiner Haut bringt mein Blut zum Kochen, und als er: »Jetzt dreh dich endlich um!«, in mein Ohr haucht, richten sich die letzten kleinen Härchen in meinem Körper auf.

Er elektrisiert mich, und der Strom reißt mich mit in ein Tal, das sich Abenteuer schimpft. Unwillkürlich drehe ich mich für ihn um, damit er sich weiter an mir vergehen kann.

Im Vergleich zu dem vorherigen Sturm hebt er sanft mein Kleid nach oben und streichelt über meine Pobacken. Er befühlt jeden Zentimeter meiner Haut, während er seinen harten Schwanz zwischen meine Beine drängt.

Als seine Eichel endlich mein Loch findet und die Lusttropfen sich mit meiner Feuchtigkeit vermischen, haut er mir unerwartet auf die rechte Arschbacke. Sein Schlag ist alles andere als sanft und lenkt mich kurzzeitig von meiner Lust ab. Genau den Moment nutzt er heimtückisch aus. Denn als ich nicht mehr Herr meiner Sinne bin, dringt er mit seinem riesigen Schwanz in mich ein und raubt mir jegliche Kontrolle über mich selbst. Seine Stöße sind hart und flink. Das Tier in ihm fickt mich, als wäre ich seine Beute, die er auf der Jagd zu Fall gebracht hat.

Ich stütze mich an der Fahrstuhlwand mit den Händen ab und strecke meinen Arsch weiter in seine Richtung, damit er tiefer in mich eindringen kann. Dann schließe ich die Augen, um ihn intensiver zu fühlen.

Oh Gott, ist das geil!

Länger leise zu sein, gelingt mir nicht, und mein Stöhnen wird immer lauter, je aggressiver er mich fickt. Das törnt ihn so sehr an, dass er nicht mehr in der Lage ist, seine Dominanz zu bändigen.

Er holt wieder aus und schlägt so kräftig auf meine rechte Pobacke, dass ich kurz aufschreie, während seine Stöße an Intensität zunehmen. Mein Unterkörper bebt von der Erschütterung, die er mit seiner dunklen Neigung auslöst, und erzeugt einen erneuten Tsunami in mir, gebildet aus meinem Lustsaft.

Das Plätschern meiner Lust verbindet sich mit den Lauten der Erregung, die wir beide nicht zurückhalten können, und hallt durch den dunklen Lift.

Carlo greift nach meinen Haaren und zieht grob meinen Kopf nach hinten. Schnell drückt er seinen Mund auf meinen Hals und beißt in meine zarte Haut, als wäre er ein Vampir. Alles in mir zuckt in diesem Moment zusammen, während Lust und Schmerz miteinander verschmelzen und mich in Ekstase versetzen.

»Ja, komm für mich, Luder«, stöhnt er auf, als Wärme sich in meinem ganzen Körper ausbreitet und mich verschlingt.

Mit voller Wucht erreicht mich der Höhepunkt und bringt mich zum Zucken.

Das lässt Carlo nicht kalt, doch die Zeit rennt uns davon. Plötzlich geht das Licht im Fahrstuhl wieder an und der Lift fährt weiter hinauf.

»Oh nein!«, seufze ich, während meine Muschi immer noch nach mehr schreit.

Aber Carlo lässt sich nicht aus der Fassung bringen, und statt seinen harten Schwanz aus mir herauszuziehen, nehmen seine Stöße an Geschwindigkeit zu. Seine gesteigerte Atmung signalisiert mir, dass er gleich in mir explodiert. Er fickt mich wie eine Maschine, als würde es um Leben und Tod gehen, und sieht nicht ein, den Akt vorher zu beenden. Obwohl der Fahrstuhl kurz davor ist, sein Ziel zu erreichen, fickt Carlo mich weiter. Das macht mich unendlich geil, weswegen ich laut aufstöhne. Mein Drang für Abenteuer raubt ihm die letzten Sinne, er greift grob nach meinen Titten.

Was für ein Tier, denke ich und drücke die Beckenmuskeln zusammen. In dem Moment merke ich, wie es in seinem Bolzen pulsiert, und er seinen Saft in meine nasse Höhle spritzt, als der Fahrstuhl zum Stehen kommt.

Während Carlos Schwanz immer noch in meiner frisch durchgefickten Muschi steckt, öffnet sich, schneller als mir lieb ist, die Fahrstuhltür und macht meine schlimmsten Befürchtungen wahr.

»Oh, wie schön, Jungs. In den Puff brauchen wir nicht mehr. Jetzt sind wir dran!«, ruft einer von drei partywütigen Männern, die sich über das Bild, das sich ihnen bietet, amüsieren.

Die versaute Sexsklavin

Ich bin Lori. Eigentlich führe ich das perfekte Leben, denn ich habe ausreichend Geld und ein Auto. Ich bin achtundzwanzig Jahre alt, habe einen guten Job, die beste Familie, die ich mir vorstellen kann, und einen Freund.

Doch es gibt einen Haken bei der Sache, denn mein Freund ist leider noch der Mann einer anderen.

Am Anfang hat er es mir verheimlicht und ein falsches Spiel getrieben. Hätte er es mir gesagt, hätte ich mich nicht in ihn verknallt. Doch als die Sache aufflog, war es bereits zu spät und ich war Hals über Kopf in ihn verliebt. Ich hatte die Wahl, ihn zu verlassen oder zu bleiben. Lange habe ich überlegt, aber dann habe ich mich dafür entschieden, zu kämpfen, denn er ist die Liebe meines Lebens.

Die meiste Zeit geht es gut, und ich komme damit klar, die Zweitfrau zu sein. Doch es gibt auch Tage, an dem ich nicht mehr weiterweiß und alles hinschmeißen möchte. An diesen Tagen ist die Welt grau und ich frage mich:

Wann hört das endlich auf?

Wann haben Lukas und Lori endlich eine Chance?

Wann durchbrechen wir diesen Kreis und leben unsere Liebe?

Ich warte mittlerweile schon lange auf ihn, auf ein Leben zu zweit. Doch die Zeit vergeht unaufhaltsam und außer den kurzen Momenten, bleibt uns nichts. Er nährt mich mit unvergesslichen Erinnerungen und erzeugt damit in mir das Gefühl von Liebe, die er zwischen uns nicht kennt. Seine Worte sind leer und doch klammert sich meine Hoffnung an ihnen fest.

Die Jahre vergehen wie im Flug. Aus einem Jahr werden zehn. Zehn Jahre, in denen wir uns im Kreis drehten, mit dem Ziel, ihn zu durchbrechen. Doch ich bin gescheitert. Statt Lukas zu erobern, bin ich ihm hörig geworden, und sein größtes Druckmittel ist sein Schwanz. Allein der Gedanke an die Waffe zwischen seinen Beinen löst in meiner Muschi eine Dauerfeuchtigkeit aus.

Obwohl unser Verhältnis nach so vielen Jahren enger und intensiver ist als jemals zuvor, ist unsere Beziehung konstant ungewiss. Denn selbst wenn wir verabredet sind, weiß ich nie, ob wir uns auch wirklich sehen. Es ist verrückt, dass ich dieses Spiel immer wieder mitmache, aber ich liebe ihn.

Ich liebe ihn so sehr, dass es mit normalem Verstand nicht zu erfassen ist und kein Wort der Welt diesem Gefühl würdig wäre.

***

Ich sitze bei der Arbeit und freue mich auf unser morgiges Treffen. Die Schmetterlinge in meinem Bauch lassen mich schon den ganzen Tag berauscht durch die Firma schweben. Auf meinen Job kann ich mich dadurch nur spärlich konzentrieren.

Doch in zehn Minuten habe ich Feierabend, dann kann ich alles vorbereiten und meine Tasche packen. Denn den morgigen Tag hat er für mich verplant. Da fahre ich zu ihm und bin endlich wieder bei ihm.

Aber die Vorfreude wirft auch Schatten. Ich kenne ihn gut genug, um zu wissen, dass er meine Euphorie von einem Moment zum anderen einstürzen lassen kann, und hoffe inständig, dass er mich nicht wieder versetzt. In meinem Kopf habe ich schon alles durchgespielt. Ich weiß, was ich anziehe, welches Spielzeug zum Einsatz kommt und wie geil ich ihn verwöhnen werde, damit er lange danach an mich denkt. Allein die Vorstellung, wie wir uns in der Badewanne lieben, tränkt meinen Slip dermaßen mit Lust, dass mir die Idee kommt, ich könnte den Kugelschreiber in meiner Hand zweckentfremden.

Ich blicke zur Tür, die verschlossen ist, und überlege, ob ich ihn in meiner nassen Muschi verschwinden lasse und Lukas davon ein Video schicke.

Oh ja, die Vorstellung macht mich heiß. Erregt kaue ich auf dem Stift herum und entschließe mich dazu, es umzusetzen.

Ich starte die Kamera von meinem Handy und lehne dieses an den Papierkorb unter meinem Schreibtisch, mit der Sicht zu meinem Unterleib.

»So, mein Liebster, das Video ist für dich«, sage ich.

Von der Gier gepackt, führe ich den Kuli unter dem Tisch zwischen meine Beine und streichle mit der Spitze die Innenseiten meiner Oberschenkel. Ich nutze den Augenblick des Alleinseins und schiebe mit dem Stift den Slip zur Seite, um ihn in mein nasses Loch zu stecken. Als er in mir verschwindet, genieße ich das Gefühl, etwas in mir zu haben. Es erregt mich, mit einem bisher unbenutzten Objekt meine Muschi zu erforschen und meinem Prinzen neue geile Momente zu bescheren.

»Oh Lukas«, keuche ich, während ich mit dem Muschisaft eine Melodie der Lust erzeuge und sie in dem Filmchen festhalte.

Immer wieder tauche ich mit dem Gegenstand in meine nasse Muschi ab und massiere ein paar Minuten meine erregte Grotte von innen. Dabei übe ich mit der anderen Hand Druck auf meine Lusterbse aus und umkreise sie gekonnt. Mir wird warm und mein Stöhnen lauter.

Ich halte den Moment für Lukas fest und hoffe, er wird sich über diese dreckige Überraschung freuen.

Als der Zeiger auf Feierabend steht, ziehe ich den Kuli aus mir heraus und stoppe den Film. Ich sehe ihn kurz an und teile die Nachricht mit dem Video mit Lukas.

Nachdem ich das Filmchen zu meinem Liebsten geschickt habe, bin ich überglücklich und aphrodisiert. Genüsslich lecke ich meinen Muschisaft von dem Kugelschreiber und läute meinen wohlverdienten Feierabend ein.

Ich bin gespannt, wie Lukas reagieren wird. Ungeduldig ziehe ich meine Jacke an, als mein Handy piept. Das ging ja schneller als erwartet. Ich bin voller Vorfreude und werfe mir meine Tasche über die Schulter, um das Büro zu verlassen. Auf dem Weg nach draußen öffne ich die Nachricht.

»Geil, mein Luder. Hab richtig Bock auf dich. Will dich unbedingt sehen. Aber ich denke, dass unser Treffen morgen ausfallen wird, da Elli Kummer hat.«

***

Im Auto angekommen, lasse ich meinen Gefühlen freien Lauf und verfasse wütend eine Voicemail. »Elli?! Aber natürlich! Die Frau, die du angeblich nicht liebst und mit der du angeblich nur zusammen bist, weil du die Konsequenzen einer Trennung scheust. Die Frau, die du mir die ersten zwei Jahre verschwiegen hast und von der du dich seit Jahren trennen willst. Für diese Frau willst du mich jetzt versetzen? Ist das dein Ernst?«, spreche ich wütend ins Handy.

Ich bin so sauer, dass ich meine Emotion nicht steuern kann. Zu oft ist das schon vorgekommen. Aufgewühlt höre ich mir seine Nachricht an.

»Tut mir leid, es ist nicht machbar.«

Die Freude, meinen Traumprinzen zu sehen, wird von Wut und Traurigkeit abgelöst. Ich hätte es wissen müssen. Warum bin ich auch so dumm gewesen, mich auf Lukas zu verlassen?! Es ist immer dasselbe!

Ich starte den Motor und fahre nach Hause. Dabei toben in mir tausend Gedanken. Ich fühle mich schlecht und meine Stimmung ist im Keller. Doch ich kann es nicht akzeptieren und mein Temperament will ihn zur Rede stellen. An der Ampel wähle ich seine Nummer und rufe ihn per Freisprechanlage an.

»Ja, Zicke«, sagt er und steigert meine Wut noch mehr.

»Wie lange soll das so weitergehen, dass ich auf dich verzichten muss, während sie ständig an deiner Seite klebt? Du sagst, du liebst mich, soll das ein Scherz sein?«

»Lori Baby, jetzt beruhig dich doch mal!«

Aber ich kann mich nicht beruhigen. Viel zu oft hat er das schon mit mir gemacht. »Ich kann so nicht mehr weitermachen, Lukas. Jedes Mal bin ich die Dumme. Nicht sie, sondern ich. Verstehst du? Ich bin die einzig Dumme hier in diesem Spiel! Ich hab so was von die Schnauze voll!«

Ich bin so geladen, dass meine Worte schneller aus mir heraussprudeln, als mir lieb ist. In mir brodelt ein Vulkan, und ehe Lukas antworten kann, lege ich auf. Ich habe die Nase gestrichen voll.

Mein Handy piept von da an im Minutentakt. Doch das ist mir egal. Ich schaue erst drauf, als ich zu Hause bin.

***

Ganze fünf Nachrichten zieren mein Display, als eine sechste sich dazugesellt. Aufgelöst öffne ich den Chat.

»Bist du zu Hause?«, fragt er.

»????????«, schicke ich.

»Antworte!«

»?????«, schicke ich erneut.

»Lori!!«

»Wo soll ich sonst sein!«, frage ich genervt.

»Bist du allein?«

»Nein, meine Schwester ist gerade von der Schule gekommen!«

»Du machst jetzt dein geiles Fickloch frisch und dann treffen wir uns in einer Viertelstunde am Fluss. Ich will dich jetzt. Keine Diskussion mehr!«

Sofort zieht sich mein Unterleib zusammen. Eigentlich will ich ihn nicht sehen, doch seine herrische Art macht mich so geil, dass ich nicht widerstehen kann. Hörig nach ihm schreibe ich zurück: »Wenn eine Frau zickt, dann wird sie einfach gefickt! Oder was?«

Doch statt auf meine Provokation einzugehen, kommt nur: »Fahre in zwei Minuten los, bis gleich!«

Scheiße, Mann, warum ist dieser Mann nur so attraktiv! Wieso macht mich genau diese herrische Eigenschaft so geil, dass ich trotz unserer Situation tue, was er verlangt? Ich eile in die obere Etage, um mich frisch zu machen und mich innerhalb von Sekunden umzuziehen. Schnell tausche ich meine Strumpfhose mit einer anderen, die mit einem Fickschlitz versehen ist. Dabei verzichte ich auf Unterwäsche, sodass er sofort in mein Loch abtauchen kann. Mein Kleid lasse ich an.

Ich weiß, dass es falsch ist und dass ich damit zu unserem ewigen Kreislauf beitrage. Aber ich bin so geil auf ihn, ich will, dass er mich fickt. Meine Muschi schreit nach seinem dicken Schwanz und seinen harten Stößen, die mich wieder zur Besinnung bringen. Meine Möse arbeitet gegen meinen Verstand, und ich kann mich nicht dagegen wehren.

»Scheiße, ich bin längst über der Zeit! Ich muss mich beeilen!«, sage ich, als ich auf die Uhr gucke.

Ich renne zum Auto und fahre los.

***

Als ich beim Fluss ankomme, ist er bereits da. Er steht hinterm Transporter und hat schon alle notwendigen Vorbereitungen getroffen, um mich zur Vernunft zu ficken. Die Kofferraumklappen sind geöffnet und die Liegefläche schreit danach, dass wir uns auf ihr vergnügen.

Jetzt bloß nicht nervös werden, denke ich und sehe mich ein letztes Mal im Spiegel an. Dann steige ich aus dem Auto, während er mich mit finsterem Blick anvisiert.

Er lächelt leicht, doch in seinen Augen herrscht Kälte. Dass ich so emotional reagiert habe, hat ihn erregt. Nicht nur ein bisschen, sondern so, dass er mir die Zickerei aus meinem Kopf ficken will. Stolz wäre jetzt angebracht, doch wie ein Magnet zieht mich die Lust zwischen meinen Beinen zu ihm, ich kann mich nicht dagegen wehren. Ich bin in seinem Bann und meine Muschi sabbert bereits, als würde sie ein Festmahl erwarten.

Vielleicht bin ich Sadistin und lechze danach, dass er mich quält. Denn dass ich wütend bin, ist völlig egal. Das Einzige, was ich jetzt will, ist sein harter Schwanz.

»Guck mich nicht so an. Ist doch wahr, was ich gesagt habe«, sage ich und zucke mit den Schultern.

Ich gebe mich stark und versuche, die Schwäche in mir zu verbergen. Aber natürlich weiß er, dass *er* meine Schwachstelle ist.

Lukas sagt kein Wort, während seine dunklen Augen nach mir gieren und alles in ihm mich bestrafen will. Seiner Meinung nach war ich ungezogen, habe übertrieben und mich unanständig benommen. Verständnis hat er nur für sich selbst.

Wenn ich ihn in meinem Leben behalten möchte, habe ich ihm bedingungslos zu gehorchen, und er erwartet von mir, dass ich das weiß.

Langsam geht er einen Schritt auf mich zu, um sich zu nehmen, was ihm gehört. Je näher er mir kommt, desto mehr schreien meine Sinne »Halleluja«.

Als er direkt vor mir steht, kann ich mich nicht länger beherrschen. Ich packe sein Gesicht und presse meine Lippen auf seine. All die Emotionen, die mich eben noch so quälten, lasse ich in diesen Kuss fließen. Ich vergesse unseren Zwist, denn für diesen Augenblick sind wir wieder eins.

Ich stöhne auf und verliere mich im Geschmack der Sünde. Seine Küsse sind wild und vermischen sich mit meiner Leidenschaft. Wir erschaffen einen Trieb, der stärker als jede Waffe der Welt ist, fallen übereinander her, als wäre es unser letzter Akt.

Dann sehen wir uns morgen eben nicht, wenigstens habe ich ihn in diesem Moment, denke ich, während alles um uns herum an Wert verliert.

Gierig wandert Lukas mit seiner Hand unter mein Kleid, streicht an meinem Oberschenkel über der Strumpfhose entlang zu meiner Muschi. Zwischen meinen Beinen angekommen, hält er inne und hört auf, mich zu küssen. Er ist überrascht, als er feststellt, dass kein Stoff mehr mein nasses Loch bedeckt.

Kurz sieht er mir in die Augen, und an seinem funkelnden Blick erkenne ich, dass er das Luder in mir absolut geil findet. Er weiß genau, dass er mich geschaffen und in eine Sexsklavin verwandelt hat.

Gefühlvoll tastet er sich weiter zu meiner Öffnung vor und dringt mit zwei Fingern in mich ein, um mein nasses Loch auf seinen fetten Schwanz vorzubereiten. Das Gefühl, dass er dabei in mir auslöst, bringt mich zum Schweben.

Oh ja, ich bin im Sexhimmel, und er ist mein Gott.

Unfähig zu denken, kralle ich mich an seinen Schultern fest und drücke mein Gesicht in seinen Nacken. Ich atme seinen Geruch ein, der mir so viel gibt, während er mit gekrümmten Fingern mein Inneres massiert.

»Oooh«, stöhne ich auf und weiß nicht, wie mir geschieht.

Innerhalb kurzer Zeit bin ich komplett außer Atem, während der Druck in meinem Unterleib ein Ausmaß annimmt, an den vorher nicht zu denken war. Er spielt mich so nass, dass wir ein Glas mit meiner Lust füllen könnten. Mein ganzer Körper befindet sich in einem Ausnahmezustand und verlangt nach mehr. Er aktiviert jede Faser in mir und nimmt sie ein mit seinem Können. Ich bin aphrodisiert, und der Rausch, in dem ich mich befinde, trägt seinen Namen. Lukas weiß genau, dass ich mehr will, denn der Lustsaft an seinen Fingern verrät es ihm, ohne dass ich es sagen muss.

Sein Schwanz drückt inzwischen so stark gegen seine Jeans, dass der Stoff kurz vorm Platzen ist, und er sich von der Qual erlösen muss. Er lässt von mir ab und öffnet die Knöpfe der Hose, während er mich mit seinen Küssen bei der Stange hält.

Ich ziehe das störende Kleidungsstück samt Shorts herunter und befreie ihn von dieser Last. Das, was ich sehe, gefällt mir sehr. Ich liebe den Anblick seiner Männlichkeit. Sein freigelegter Pimmel steht wie eine Eins und ist steinhart. Die Lust tropft aus seiner Eichel. Er ist eine tickende Zeitbombe und kurz vorm Explodieren. Herrisch drückt er mich nach unten auf die Liegefläche des Transporters, auf der ich Platz nehme, um den Sprengstoff in ihm zu entschärfen.

In seinen Augen lese ich genau, was er von mir erwartet. Er will, dass ich ihn verwöhne und seinen Schwanz gut behandle.

Diesen Gefallen tue ich ihm nur allzu gern. Ich nehme Lukas' prallen Schwanz in die Hand, um ihn zu wichsen und abwechselnd mit meiner Zunge zu bespielen. Genüsslich lecke ich die Lusttropfen von seiner Eichel. Oh mein Gott, wie gut er schmeckt!

Ich liebe seinen Saft. Jeder Tropfen beflügelt mich so sehr, dass ich nach mehr von seinem Fleisch verlange. Er ist eine Droge, und ich werde high mit jedem Sündentropfen, den ich verschlinge.

Ich umschließe seinen geilen Pimmel mit meinen Lippen, um ihn gänzlich in mir aufzunehmen. Während ich mich Zentimeter für Zentimeter vorarbeite, vergräbt er seine Hand in meinem Haar und dominiert mich. Dabei ist er nicht sanft, denn er ist sauer wegen unseres Streits. Er benutzt mich als Ventil, um seinen Emotionen freien Lauf zu lassen, und ich kann mir keine schönere Strafe vorstellen.

Speichel läuft aus meinem Mund und bietet seinem Schwanz einen schmierigen Film, in dem er hin und her gleitet.

Oh ja, benutz mich!, denke ich und stehe auf den Sadisten, der in ihm schlummert.

Dominant drückt er sein hartes Teil in mich, sodass es gänzlich in meinem Rachen verschwindet. Dabei ist ihm egal, was ich fühle. Meine Bestrafung erregt ihn in vollem Ausmaß.

»Oh jaaaaaaaaa!«, stöhnt er und bringt mich zum Würgen, indem er seinen Schwanz tief in meiner Kehle versenkt.

Kurz halte ich die Luft an, was ihn nur mehr stimuliert. Tränen laufen mir über die Wangen und weißer Schleim rinnt aus meinem Mund. Obwohl ihn meine sichtbare Qual ergötzt, hat Lukas Erbarmen. Er zieht mich am Kopf zurück und befreit meine Öffnung von seinem Stück Fleisch. Dann beugt er sich zu mir herunter und leckt den Schleim aus meinem Gesicht. Während er mir damit Luft zum Atmen zugesteht, wichse ich seinen Schwanz und zeige ihm somit meine Dankbarkeit. Mit dem Daumen streichle ich sanft über seine Kuppe und umschließe mit dem Rest meiner Hand seinen Bolzen.

Das gefällt ihm. Ich rotze noch einmal auf seinen Pimmel, damit das Wichserlebnis für ihn unvergessen bleibt. Mit einer drehenden Bewegung gleite ich im Wechsel hoch und runter, um ihm das zu geben, was er braucht.

Lukas atmet tief ein und streichelt mir sanft über meine Wange. Doch seine Berührung täuscht. Denn er hat etwas ganz anderes mit mir vor, als liebevoll zu mir zu sein. Sein Blick ist gierig und fordernd. Er verbirgt seinen nächsten Schachzug gut. Aber ich weiß genau, dass er mich mit einer unvorhergesehenen Härte beschämen wird.

»Du darfst mich so dreckig benutzen, wie du kannst«, sage ich und schaue Lukas eindringlich an.

Das lässt er sich nicht zweimal sagen. Sofort drückt er mich gänzlich auf die Rückbank, sodass ich eine liegende Position einnehme. Dann packt er meine Oberschenkel und zieht an ihnen mein Becken zu sich nach vorn, um seinen dicken Pimmel in mich einzulochen. Doch das Fickloch in der Strumpfhose ist zu schmal für die Wucht zwischen seinen Beinen, und um sie mir auszuziehen, hat er keine Geduld. Mit Gewalt zerreißt er die Strumpfhose und wird zum Wildtier, das nur im Sinn hat, die Beute zum Erliegen zu bringen.

»Du Tier«, keuche ich und sehe ihn mit geöffnetem Mund an, als er sich zu mir herunterbeugt und sich zwischen meine Beine schiebt.

»Sei still«, befiehlt er mir, und ich gehorche.

Als er mit seinem dicken Prügel in mich eindringt, schließe ich die Augen und genieße das Paradies auf Erden. Vollkommenheit durchströmt meinen Körper mit jedem Stoß, der mich ausfüllt.

Stöhnend kralle ich mich an ihm fest. Ich bebe mit all meinen Sinnen, als er über mich herfällt wie ein Mann, der mich zwar liebt, aber nicht lieben darf. Wir verschmelzen zu einer Einheit, und nichts kann uns in diesem Moment auseinanderbringen. Nicht mal der drohende Wolkenbruch am Himmel.

Die ersten Regentropfen fallen auf die Erde und auf Lukas' Hintern. Doch anstatt es uns aus unserem Treiben herausreißt, verstärkt es unsere Emotionen nur noch mehr. Leidenschaftlich drückt Lukas seine Lippen auf meine und verliert sich in meinem Kuss, während er mich wieder und wieder mit seinem dicken Schwanz stopft. Ich wünschte, dieser Moment würde niemals enden. Der Druck in mir wird immer gewaltiger. Lukas fickt meine Möse so nass, dass ein ganzer Schwall Flüssigkeit aus mir herausläuft. Das gefällt ihm. Herrisch packt er mein Haar und sieht mich gierig an, während ich mich in ihm und unserem Fick verliere.

»Küss mich«, flehe ich.

Doch er denkt gar nicht dran und genießt es, mir den Kuss zu verwehren, den ich mir genau jetzt so wünsche.

Lukas hält inne mit seinen Stößen und beobachtet mich. Er spielt mit mir und hat Freude dran, mich zappeln zu lassen. Verschmitzt sieht er mich an, während mein Körper nach ihm verlangt und mehr von ihm will. Doch er kommt mir nicht entgegen. Dieser blöde Kerl. Rebellisch versuche ich, mir den Kuss selber zu beschaffen. Aber keine Chance. Mit einer Hand zieht er meinen Kopf von sich weg und bringt den Teufel in sich zum Vorschein. In seinen Augen brennen die Flammen und doch sind sie kalt wie Eis. Rachegelüste durchfluten seinen Körper und seine Seele, während ihn meine Unterlegenheit amüsiert. Er liebt es, zu spielen, und die Geilheit in seinem Blick ist nicht zu übersehen, während er mir zeigt, dass er der Mann ist, der das Zepter in der Hand hält und ich nichts zu sagen habe.

»Küss mich endlich!«, fordere ich ihn auf und werde rasend, weil er mich so quält.

Doch ihn lässt das kalt. Er fickt mich ohne einen Kuss weiter, so, wie es ihm passt und auf keinen Fall so, wie ich es will.

Ein Wechselbad zwischen Lust und Wut nimmt meinen Körper in seinen Besitz. Ich bin sauer, weil er mich nicht küsst und doch so erregt, dass ich ihn nicht von mir stoßen kann. Und selbst wenn ich ihn von mir schieben würde, so würde er es nicht zulassen.

»Du Scheißkerl!«, zische ich und gebe ihm unkontrolliert eine Ohrfeige mitten ins Gesicht.

Einen kurzen Moment bin ich erschrocken über mich selbst. Ich sehe ihn an und warte auf seine Reaktion. Doch er ist unbeeindruckt und kontrolliert. Statt sauer zu sein, lächelt er herzlos. Sein Schwanz ist weiterhin steinhart und gieriger als je zuvor auf mich. Mein Temperament geilt ihn sekündlich mehr auf. Lukas fickt mich wie ein Weltmeister und trägt meine Aggression mit Fassung.

Das gefällt mir, sodass ich ihm eine erneute Ohrfeige verpasse. Mehrmals schlage ich ihm mit zunehmender Intensität ins Gesicht, um ihn aus der Selbstkontrolle zu bringen. Ich will ihn provozieren, austesten, wo meine Grenzen sind, herausfinden, wie weit ich gehen kann. Diesen Punkt erreiche ich recht schnell. Doch als ich merke, dass ich übertrieben habe, ist es bereits zu spät.

Aggressiv drückt er meinen Kopf nach unten, sodass ich mich nicht mehr bewegen kann. Er bringt mich in eine wehrlose Position und es ist mir unmöglich, mich zu befreien.

»Ahh!«, schreie ich auf, als mich der Schmerz seiner unsanften Berührung ereilt.

»Das war zu viel, Prinzessin«, ermahnt er mich und stößt seinen Schwanz härter als jemals zuvor in meine nasse Muschi.

Mit gewaltiger Kraft fickt er mich so derbe, dass der ganze Transporter wackelt. Kurzzeitig habe ich das Gefühl, dass mir dieser Fick das Genick brechen könnte, weil mich sein Gefühlsausbruch im Wagen mit dem Kopf nach links und rechts schleudert. Lukas ist zu einem Pulverfass mutiert, das genau in diesem Moment explodiert. Er fickt mich so hart, dass ich nicht mehr klar denken kann, und bringt meine Muschi zum Spritzen.

Wir stöhnen beide im Gleichklang, als die Lust wie eine Fontäne aus mir herausgefeuert wird. Wie zwei Körperjunkies, süchtig nach der Haut des anderen, geben wir uns einander hin und ficken uns stoned. Ich bin seine Droge und er ist meine, jetzt das Hochgefühl und nachher das Verderben.

In meinem Unterleib baut sich immer mehr Druck auf, und als er endlich seine langersehnten Lippen auf meine presst, verliere ich gänzlich meinen Verstand und meinen Körpersaft. Die Flüssigkeit läuft aus mir heraus, während ich mit der Hand zwischen meine Beine wandere und unersättlich bin. Völlig aufgegeilt massiere ich meine Klitoris, um mir das doppelte Glücksgefühl zu verschaffen.

»Oh ja! Tiefer!«, fordere ich und weiß, dass er mir jetzt alles gibt, wonach ich verlange.

Lukas nimmt mein linkes Bein und legt es über seine Schultern. Ich fühle mich wie Butter unter seiner Führung und zerschmelze mit jedem Stoß mehr, während er immer brutaler wird. Seine Hände greifen nach meinen Titten und halten sich an ihnen fest. Er presst sie so gewaltsam zusammen, dass sich Blutergüsse in meiner erogenen Zone bilden. Dieser lustvolle Schmerz, den unsere Verbindung bietet, lässt mich nun gänzlich explodieren. Mein Körper zuckt mit jeder Pore und bebt unaufhaltsam. Ich wünschte, dieser Moment würde niemals enden, doch Lukas holt mich in die Realität zurück und zieht flink seinen Schwanz aus meiner nassen Muschi heraus. Aus meinem Traum wird ein unsanfter Abschluss. Lukas reißt mich herrisch nach oben und steht mit seinem Riemen vor mir, damit ich es schmutzig zu Ende bringe.

Lüstern drängt er sein hartes Teil in meinen engen Schlund. Ein letztes Mal schmecke ich seinen Lustsaft, der sich mit meinem vermischt hat, und gebe es ihm so, wie er es braucht. Tief und eng, warm und feucht.

Ich schiebe meine Hand unter seine Hoden und drücke seinen Pimmel tief in meine Kehle. Gierig lutsche ich sein Teil, genauso wie er es mag, und kröne ihn zu meinem Meister.

Sein Stöhnen klingt wie Musik in meinen Ohren und wird zur schönsten Melodie, die ich jemals gehört habe. Als seine Atmung zunehmend schneller wird, gebe ich alles, damit er gewaltig explodiert. Ich lutsche und bespiele ihn mit meiner Zunge, was das Zeug hält, und es wirkt.

»Ich komme«, keucht er und schießt seinen Saft in mich hinein.

Genüsslich schlucke ich seine Liebessuppe herunter, als wäre sie Medizin, die ich zum Überleben brauche. Dabei streichelt Lukas mein Haar, während er mich zufrieden ansieht.

So schnell wie unser Liebesspiel begann, ist es auch schon wieder vorbei. Ich bin traurig und glücklich zu gleich. Nicht einmal Zeit, uns ordentlich voneinander zu verabschieden haben wir, da der Zeiger auf der Uhr unser stärkster Feind ist.

Ein viel zu kurzer Kuss, ein letzter unbefriedigender Blick und das war es. Ich verlasse mit gemischten Gefühlen Lukas und unseren Liebesort. Doch ich bin in diesem Moment nicht traurig, im Gegenteil, die durch den Sex entstandenen Glücksgefühle durchströmen meinen Körper und schalten für einen Augenblick den Ärger über unser geplatztes Date morgen aus.

Trotzdem wird mir wieder einmal erneut bewusst, dass wir keine gemeinsame Zukunft haben. Aber für diesen kurzen Moment, in dem seine Nähe nachhallt, bin ich kein Opfer. Denn ich bin die Frau, die von dem Mann um den Verstand gefickt wurde, den sie über alles liebt.

Das reicht mir für jetzt. Auch wenn ich weiß, dass ich morgen wieder die Frau bin, die auf die Liebe ihres Lebens verzichten muss, damit er eine andere ficken kann.

Der notgeile Polizist

Mein Name ist Sura und bin vierundzwanzig Jahre alt. Ich hatte es nie einfach im Leben. Aufgewachsen bin ich in ärmlichen Verhältnissen. Meine Mutter ist schon früh gestorben, sodass ich bei meinem Stiefvater groß geworden bin. Doch der hatte nie viel für mich übrig. Im Gegenteil, für ihn war ich ein Störfaktor, der ihn daran hinderte, das Leben zu führen, das er wollte. Es blieb mir nichts anderes übrig, als für mich selbst zu sorgen und mich durchs Leben zu kämpfen. Mit vierzehn hielt ich es dann nicht mehr aus und bin von zu Hause weggelaufen. Für meinen Stiefvater war das kein Verlust, er hat nie nach mir gesucht.

Seitdem lebe ich auf der Straße und habe keinen festen Wohnsitz. An guten Tagen penne ich bei neuen Bekannten in der Wohnung. Doch es gibt auch die schlechten Tage, an denen ich unter der Brücke schlafe und mich die Sorge quält, was morgen ist. Mein Leben ist eine einzige Achterbahnfahrt, und es erfordert viel Mut, um nicht zu zerbrechen. Denn nur, wenn man Gefühle abstellt und bereit ist, illegale Dinge zu tun, kann man so überleben. Dazu gehört auch Diebstahl und sich nicht erwischen zu lassen. Im Laufe der Jahre bin ich darin ziemlich gut geworden und habe mir jeden Trick angeeignet, den es nur gibt. Meistens ging es, bis auf wenige Ausnahmen – bei der mich ein Blowjob mit einem Geschäftsführer von einer Anzeige abhielt –, gut.

Sich mit Sex über Wasser zu halten oder Strafen abzuwenden, hat Nachteile. Man wird nur als Objekt angesehen und hat keinen Status in der Gesellschaft. Für jeden bin ich nur ein

Spielzeug, das zur Triebbefriedigung verwendet wird, danach werde ich entsorgt. Neinsagen kann ich nicht, denn das könnte mir zum Verhängnis werden.

Einmal hat mich ein Cop verhaftet, da habe ich ihm für die Freiheit den Schwanz gelutscht. Seitdem sammelt er mich bei jeder Streife, bei der er mich entdeckt, ein und verlangt von mir, dass ich es ihm besorge. Wenn ich ihm widerspreche, erinnert er mich gern daran, dass ich ihm einen Gefallen schuldig bin.

Also lecke ich genüsslich seine Eier und schiebe mir seinen dicken Pimmel bis zum Anschlag in meine Kehle, auch wenn seine Schamhaare dabei mein Kinn kitzeln.

So ist mein Leben. Irgendwie bin ich da so reingerutscht und nun komme ich da nicht mehr raus. Doch man gewöhnt sich an alles und lernt dazu.

Heute Abend steigt eine Party in der Avenue Street. Dort werden viele reiche Leute sein, denen ich etwas Wertvolles entwenden kann. Ich habe von Ella, der Prostituierten, davon erfahren. Sie geht hin und begleitet einen Freier. Wenn ich mit ihr das Diebesgut teile, stellt sie mich als ihre Schwester vor. Eine perfekte Gelegenheit für mich, einfach an viel Geld zu kommen.

Aber ein gelungener Abend erfordert ein makelloses Aussehen. Dafür muss ich mir noch ein paar Dinge in der Drogerie besorgen. Ich brauche Schminke, Kondome und einen neuen Rasierer. Ich habe zwar keinen Cent in der Tasche, doch genug Erfahrung, wie ich trotzdem alles bekomme, was ich will.

***

Pünktlich zur Ladenöffnung bin ich auf den Beinen und durchstöbere das Sortiment. Die ersten Kunden unterhalten sich angeregt mit den Verkäufern. Gut für mich, da ich so unauffällig zuschlagen kann. Um kein Aufsehen zu erregen, habe ich mir von Ella ein Outfit geliehen. Ich trage ein weites weißes Kleid, helle Sneakers und eine Jeansjacke mit riesigen

Innentaschen. Die Taschen habe ich vorher geleert, damit ich sie neu befüllen kann. Wieder und wieder laufe ich den Gang auf und ab, warte auf den richtigen Augenblick.

In dem Moment, als die grimmige Verkäuferin einer alten Frau den Fotoautomaten erklärt, nutze ich die Chance. Jetzt muss es flott gehen. Ich eile zu den Drogerieartikeln und greife die Produkte, die ich brauche. Schnell lasse ich alles in meiner Jackentasche verschwinden.

Na, wer sagt's denn, war einfacher, als gedacht, denke ich und laufe zügig an der Kasse vorbei zum Ausgang. Doch in dem Moment, als ich den Laden verlassen will, packt mich jemand unsanft an der Schulter und bringt mein Hochgefühl zum Einsturz.

»Erwischt!«, sagt eine männliche Stimme. »Ich habe dich schon lange auf den Kieker, aber habe dich nie rechtzeitig ertappt. Doch heute ist es so weit! Dann komm mal mit mir mit!«

Ich drehe mich um und erblicke einen alten Mann, der ungefickt aussieht. Kein Wunder, das er schlecht gelaunt ist. Das kann ich ändern. Während ich mir in Gedanken schon ausmale, wie ich ihn von meiner Unschuld überzeugen kann, hat er mich am Oberarm gepackt und führt mich zur Hintertür.

»Warte! Wie wäre es mit einem Deal?«, schlage ich vor.

Kurz bleibt er stehen und sieht mich an. Ich drehe mich zu ihm und greife ihm zwischen die Beine. Gekonnt packe ich die Beule in seiner Hose und massiere sie mit Genuss, während ich ihn anlächele. Doch mein Vorhaben gelingt nicht, wie ich es mir vorstelle. Die Hoffnung, schnell wieder in die Freiheit zu kommen, nimmt er mir mit Freude. Denn die erwartete Reaktion auf meine Handlung lässt auf sich warten. Statt einen harten Pimmel bleibt sein Schwanz lasch wie eine labbrige Wurst. Fassungslos sehe den alten Sack an, der sein Lachen nicht unterdrücken kann.

»Ich steh auf Männer. Pech für dich«, sagt er.

Genervt lasse ich von ihm ab und verdrehe die Augen.

Er öffnet die Tür und schleift mich in ein Dienstzimmer, wo eine Frau sitzt.

Na klasse! Schlimmer kann es ja nicht mehr werden, denke ich.

»Hier ist unsere Diebin«, sagt er zu ihr.

Mit einer Handbewegung macht sie ihm klar, dass er mich zum Stuhl bringen soll, der vor ihrem Schreibtisch steht. Er tut, was sie verlangt. Grob schubst er mich auf die Sitzfläche.

»Geht das auch ein bisschen sanfter!«, fauche ich ihn an.

Doch er reagiert nicht.

»Taschen leeren!«, sagt er und sieht mich an, während die biestige Frau die Polizei ruft. Widerwillig hole ich das Diebesgut aus den Innentaschen und gebe es ihm.

»Dafür kriegst du jetzt bestimmt 'ne Beförderung, Opi«, gifte ich, als er die Drogerieartikel zu der Frau auf den Schreibtisch legt.

Er würdigt mich keines Blickes mehr, ignoriert mich, als wäre ich nicht existent und Abschaum, der auf dieser Welt nichts verloren hat. Die grimmige Frau blinzelt ihm zu und signalisiert ihm, dass er jetzt gehen kann. Dann verlässt er den Raum.

»Sie sind also die junge Frau, die schon seit Wochen unsere Regale leer räumt!«, sagt die unhöfliche Tante am Tisch. Ihre Mimik ist ernst.

»Das halte ich für ein Gerücht!«

»Soso, ein Gerücht. Na, das können Sie ja dann der Polizei erzählen! Diese ist bereits auf den Weg hierher«, sagt sie hochnäsig.

Am liebsten würde ich ihr für die Schadenfreude ins Gesicht spucken, doch ich muss mich zusammenreißen.

***

Obwohl ich den korrupten Bullen, der mich wieder und wieder zu sexuellen Handlungen nötigt, wie die Pest hasse, hoffe ich jetzt mehr denn je, dass er mich verhaftet. Doch das Glück ist heute nicht auf meiner Seite. Statt ihm betritt einige Minuten später ein mir unbekannter, durchtrainierter und gut aussehender Polizist das Büro, um mich abzuholen.

Als ich ihn sehe, schöpfe ich wieder neue Hoffnung. Der Gedanke, freizukommen, indem ich ihm meinen Körper für seine Lustbefriedigung zur Verfügung stelle, gefällt mir sehr. Eine sexuelle Dienstleistung hat er mit seinem Aussehen zwar nicht nötig – die Frauen stehen sicherlich Schlange bei diesem Prachtexemplar von Mann, was für mich von Nachteil ist –, doch ich werde alles geben, um ihn rumzukriegen.

»Na, holla, die Waldfee! Hätte ich gewusst, wie sexy die neue Generation der Polizei heutzutage ist, hätte ich mich schon öfter verhaften lassen«, sage ich und sehe ihn lüstern an.

Leider ist er professionell und geht nicht auf meine Avancen ein.

Ich mustere ihn von oben bis unten. Er ist genau mein Beuteschema. Seine breiten Schultern, diese riesigen tätowierten männlichen Hände und diese dunklen Augen bringen meinen Unterleib zum Beben. Auf seinem Namenschild lese ich Max Fuller.

»Max Fuller! Klingt ja heiß!«, sage ich und blinzle ihm zu.

Keine Reaktion. Scheinbar steht sein Name für Arroganz.

»Deinen Personalausweis hätte ich gern!«

»Officer, wenn Sie wüssten, was *ich* gern hätte …« Ich hole den Ausweis aus der Innentasche meiner Jacke und gebe ihn dem Cop. Mein verführerisches Augenzwinkern nimmt er wahr, aber ignoriert es gekonnt.

»Steh auf!«, befiehlt er.

Es wird mir eine Freude sein, mit dir meine Freiheit zu sichern, denke ich, als er mir an beiden Händen Handschellen anlegt und mich durch das Geschäft nach draußen führt.

Dass alle Augen dabei auf mich gerichtet sind, ist mir unangenehm. Ich ärgere mich über meine eigene Dummheit, darüber, dass ich erwischt wurde. Die vielen Male, in denen der Diebstahl unentdeckt blieb, haben mich in falscher Sicherheit gewogen.

»Brauchst du ein Passbild«, maule ich eine ältere Frau im Vorbeigehen an und verlasse mit dem Cop die Drogerie.

***

Der Polizeiwagen steht direkt vor dem Laden. Das Blaulicht erhellt die komplette Straße. Ich fühle mich wie eine Schwerverbrecherin, als ich hinten auf der Rückbank Platz nehme und Officer Fuller die Tür schließt. Zum Glück sind die Scheiben abgedunkelt, sodass mich niemand mehr sieht und ich vor den Augen der sensationslustigen Menschen geschützt bin.

Max Fuller ist den Trubel von Menschenmassen gewohnt und bleibt unbeeindruckt. So wie ich ihn einschätze, gefällt es ihm, den starken Cop zu spielen. Er nimmt auf dem Fahrersitz Platz und startet den Wagen, um mich dem Strafrichter vorzuführen. Doch das muss ich unbedingt verhindern!

»Ich hätte da einen Vorschlag«, sage ich.

Aber Max Fuller ignoriert mich. Statt mir zuzuhören, greift er zum Funkgerät. »Verdächtige Person verhaftet und festgenommen! Es handelt sich um Sura Quinn! Sind jetzt auf dem Weg zum Revier«, spricht er ins Funksprechgerät und legt es danach ab.

»Max, mein Schöner, ich könnte dir deinen Schwanz lutschen, wenn du mich im Gegenzug freilässt«, schlage ich vor.

Kurz blitzen seine Augen auf und durch den Rückspiegel sieht er mich an. Doch dann stellt er das Radio lauter und fährt los.

»Danke für nichts, du Penner!«, zische ich und lehne meinen Kopf genervt an die Kopfstütze.

Eine Weile höre ich nichts außer Musik im Radio und hänge meinen Gedanken nach. Dann wird die Mucke leiser und durch eine Stimme im Funkgerät ersetzt.

»Stau auf deinem Highway, Max.«

»Mist!«, schimpft er, bedankt sich kurz und ändert die Richtung.

Statt sich weiter durch den Berufsverkehr zu schlagen, fährt er auf einen ruhigeren Highway und eine Umgehungsstraße.

»Wo fährst du denn jetzt hin?«, frage ich ihn.

»Ist eine Abkürzung.«

»Magst du etwa keinen Verkehr? Ich steh drauf«, witzle ich herum und bin mir nicht sicher, ob er die Zweideutigkeit verstanden hat.

Statt mit Worten antwortet Max mit Geschwindigkeit. Er drückt das Gaspedal durch und schlüpft in die Rolle eines Rennfahrers. Soll mir das etwa imponieren? Ich stehe zwar auf Schnelligkeit, doch nicht beim Autofahren.

»Sag mal, spinnst du, fahr langsam!«, schreie ich ihn an, während ich das Gefühl habe, mit jedem Hügel, den er mitnimmt, abzuheben. Aber Max hört nicht auf mich und wird immer schneller. Innerlich schließe ich schon mit meinem Leben ab, denn mein Bauchgefühl prophezeit mir nichts Gutes. Dann geht alles ganz flott. Ein Knall bestraft sein hochmütiges Verhalten, und Max verliert die Kontrolle über das Lenkrad. Das Auto gerät ins Schleudern und dreht sich in alle Richtungen.

Ich schreie voller Panik.

Ein paar Sekunden später, die sich wie eine Ewigkeit anfühlen, kommt der Polizeiwagen zum Stehen und setzt diesem Albtraum ein Ende. Mein Herz pocht wie verrückt. Wie durch ein Wunder ist uns beiden nichts passiert.

»Sag mal, bist du geisteskrank! Du hast uns fast umgebracht! Was war das bitte?«, schreie ich aufgebracht.

»Ein Reifen ist geplatzt«, sagt er und steigt aus dem Wagen.

Als ihm das Ausmaß seines Fehltritts klar wird, verschränkt er die Arme. Anscheinend ist er nicht erfreut über das, was passiert ist.

»Scheiße!«, raunt er.

»Na ja, wenn man wie ein Irrer fährt, dann braucht man auch nicht rumheulen, wenn so etwas passiert.«

»Schnauze!«, brüllt er mich an und steigt wieder in den Wagen, um einen Funkspruch abzugeben. Doch wir befinden uns mitten in einem Funkloch. Weder der Funk im Auto funktioniert noch Handys haben hier Empfang. Wütend verlässt er den Wagen und tritt gegen den kaputten Reifen, als ob dieser daran schuld wäre.

Danach reißt er die Hintertür auf. Mit hasserfüllten Augen sieht er mich an. »Steig aus! Wir müssen den restlichen Weg laufen!«

»Soll das ein Scherz sein?«

»Sehe ich aus, als ob ich scherze?«

»Jedes Auto hat ein Reserverad. Das weiß jedes Kind«, sage ich.

»Wenn hier in diesem Auto ein Reserverad wäre, hätte ich es schon längst aufgezogen. Und jetzt steig gefälligst aus!«, zischt er und zieht mich ungeduldig am weißen Kleid heraus.

»Ist ja gut ... Da muss man nicht gleich das Kleid zerreißen«, rufe ich und tue, was er verlangt.

»Dann mach mir wenigstens die Handschellen ab!«, fordere ich ihn auf.

Doch Max hat andere Pläne. Ohne zu antworten, schiebt er mich, eine Hand auf meinen Rücken gedrückt, grob nach vorn, damit ich loslaufe.

»Ist ja gut, ist ja gut«, fluche ich und laufe mit ihm über das leere Feld in Richtung der nächsten Ortschaft. Meine Laune ist im Keller.

So ein scheiß Tag, denke ich.

***

Nach einer gefühlten Ewigkeit tun mir die Beine weh. Ich bin aus der Puste und meine Füße werden schwer wie Blei.

»Wie viele Kilometer müssen wir noch laufen?«, frage ich gequält.

»Ich weiß es nicht!«

»Wenn du normale Straßen gefahren wärst und dein scheiß Proletengetue gelassen hättest, wären wir jetzt nicht in dieser dummen Situation«, keife ich.

Wie ein gnatziges Kind setze ich mich auf den erdigen Boden und weigere mich, einen Schritt weiterzugehen. »Ich kann nicht mehr und die Handschellen tun weh!«

»Steh auf, sofort!«, ruft er.

»Meine Beine tragen mich nicht mehr. Verstehst du das nicht?«

Genervt zieht mich Max hoch und wirft mich grob über seine Schulter, um mit mir weiterzulaufen.

»Uh, ich steh auf starke Männer«, sage ich, während ich seinen Geruch einatme.

»Und ich steh auf Frauen, die die Klappe halten!«

»Wie langweilig«, witzle ich und finde Gefallen an dem Umstand.

***

Weitere dreißig Minuten später bildet sich ein dunkler Wolkenteppich über uns, und ich muss dringend pullern.

»Halt an! Ich muss für kleine Mädchen.«

»Kannst du es dir nicht verkneifen, bis wir den großen Baum dort erreicht haben. Es sind doch nur noch ein paar Meter.«

»Nein, dann pinkle ich dich an.«

Ruckartig bleibt er stehen und lässt mich herunter.

»Dann los«, sagt er und sieht mich an, während ich mein Kleid hebe.

»Schon mal was von Privatsphäre gehört? Dreh dich gefälligst um, oder willst du meine Muschi sehen?«

Widerwillig tut er, was ich sage. »Glaub mir, das habe ich alles schon mal gesehen.«

»Aber nicht bei mir«, sage ich.

Als ich mich erleichtere, sehe ich mir seinen Hintern an. Dieser ist ziemlich heiß. Wahrscheinlich machen die in der Polizeischule viel Sport. Während ich mich im Anblick seines Arsches verliere, fallen erste Regentropfen.

Flott stehe ich auf, doch Mutter Natur meint es nicht gut mit uns und überrascht uns mit einem unvorhersehbaren Unwetter. Die Wassertropfen prasseln auf uns herab und durchnässen in Windeseile unsere Kleidung.

»Los, zum Baum!«, ruft er mir zu.

Ohne zu widersprechen, renne ich zur großen Eiche und tue, was er verlangt. Doch die Wassermassen sind schneller als wir und geben uns eine gewaltige Dusche, auf die ich gern verzichtet hätte.

Die Baumkrone schützt vor weiterem Regenfall, aber nicht vor den gierigen Blicken von Max. Das erste Mal habe ich das Gefühl, dass er in mir mehr erkennt als eine Verbrecherin. Doch er sieht in mir keine Lady, sondern ein Spielzeug für seinen Trieb. Als er mich von oben bis unten mustert, wird mir klar, dass das nasse Kleid an meinem Körper die Ursache für seinen veränderten Wesenszug darstellt. Durch die Feuchtigkeit ist das Kleid durchsichtig geworden, sodass er weiß, dass ich keinen BH trage. Lüstern sieht er auf meine steifen Nippel, die jetzt wie Diamanten, durch den dünnen Stoff blitzen.

Du lüsterner geiler Bock, denke ich, als er mich von oben bis unten ansieht.

»Na, gefällt dir das?«, frage ich ihn provozierend.

»Was meinst du?«

»Na, meine Titten! Sehen gut aus, oder?«

Sein Blick verfinstert sich. »Du bist ganz schön spitzzüngig!«, sagt er.

»Spitz, eine Eigenschaft, die wir scheinbar gemeinsam haben.«

»Es ist gefährlich, einen Mann in Uniform zu reizen!«

»Ich steh auf Gefahr«, sage ich und führe meine gefesselten Hände zu meinen Knospen, um mit ihnen zu spielen.

Max beobachtet mich und atmet tief durch. Die Kontrolle zu behalten, fällt ihm schwer. Er will mich ficken, obwohl er es nicht darf. Doch meine weiblichen Reize sind gefährlicher als die Pistole an seinem Gürtel.

»Jetzt nimm dir, was du brauchst«, fordere ich ihn auf, während der Regen von meinen Lippen tropft.

Eine Sekunde überlegt er, doch dann handelt er. Alle Verpflichtungen legt er in diesem Moment ab, denn sein Verstand ist in seiner Hose verschwunden. Er geht ein Stück auf mich zu und drückt mich herrisch gegen den Baum, indem seine festen Hände meine Schulter packen und mich in eine wehrlose Position bringen. Aus einer Gefangenen wird von einem Moment zum anderen Freiwild. Das Gesetz steht nicht mehr an erster Stelle, sondern nur noch der Trieb. Max packt meine Titten mit seiner rechten Hand und massiert sie grob, während seine Fingerspitzen meine Knospen zusammendrücken.

Ich stöhne laut auf und schiebe die Knie nach oben zwischen seine Beine zu seiner dicken Beule. Mit meiner nackten Haut fühle ich, wie mächtig die körpereigene Waffe in seiner Hose ist. Steinhart hält sie meinem Druck stand und ist kurz vorm Platzen.

»Ich wette, das ist gegen das Gesetz, Officer«, hauche ich

lustvoll in sein Ohr.

»Halt's Maul«, zischt er.

Er greift in mein Haar und drückt mich mit Gewalt ein Stück hinunter. Herrisch benutzt er mich wie einen Gegenstand für seinen Trieb und bringt meine Muschi damit zum Auslaufen.

Als es am Horizont donnert und sich der Regen in ein gewaltiges Unwetter verwandelt, kochen unsere Emotionen gänzlich über. Im Rhythmus mit Mutter Natur schiebt er seine rechte Hand zwischen meine Beine und reißt mir den Slip vom Leib. Dann dringt er forsch mit drei Fingern in meine nasse Höhle ein. Sofort stöhne ich laut auf und schließe die Augen. Gott, wie ich Sex liebe!

»Du Luder, du bist so nass«, raunt er und fingert mich wie ein Weltmeister.

Oh ja, das bin ich und meine Lust auf seinen Schwanz wächst mit jeder Sekunde. Der Druck, den er mit seinen Bewegungen aufbaut, wird immer extremer.

Grob drückt er mich nach unten und behandelt mich wie eine Sklavin. Meine Hände sind immer noch in Handschellen gelegt und miteinander verbunden, als ich vor ihm knie.

»Lutsch meinen Schwanz«,. sagt er und öffnet zügig seine Hose. In Windeseile hat er sich ihrer entledigt, und sein harter Prügel starrt mich an. Er ist nicht nur lang, sondern auch dick.

Ich atme tief ein, als Max mit dem harten Knüppel zwischen seinen Beinen einen weiteren Schritt an mich herantritt. Sein ganzes Blut steckt in seinem Pimmel. Gierig führt er seinen fetten Schwanz in meinen Mund und verlangt, dass ich von ihm koste. Ob ich will oder nicht, spielt dabei keine Rolle. Die Kontrolle über mich liegt bei ihm. Ich bin hilflos, als er sein dickes Stück Fleisch in mich hineinschiebt. Doch zu meinem Glück schmeckt sein Pimmel genauso gut, wie er aussieht. Der hochwertige Genuss, der sich in meinem Gaumen ausbreitet, ist für Feinschmecker. Er ist eine Delikatesse, von der ich nicht genug bekommen kann. Während er meinen Kopf packt, stößt er wieder und wieder sein Fleisch in meinen Schlund. Er genießt, dass ich seine Gefangene bin und mir sein hartes Wesen Tränen in die Augen treibt. Aggressiv bringt er mich zum Würgen, während der Klang seiner Lust im Regen verschwindet. Als eine schmierige Suppe meine Kehle verlässt und seinen Schwanz mit Sünde beschmiert, lässt er von mir ab und zieht mich zu sich hoch.

Er legt meine Arme über seinen Kopf um seinen Hals und sieht mich an. Lüstern leckt er meinen Mund trocken und befreit mich von der Schande, mit der er mich befleckt hat. Er ist ein Tier und handelt instinktiv. Am liebsten würde ich die Zeit anhalten, denn die Leidenschaft des Augenblicks prickelt wie ein warmer Champagnerregen. Seine männliche Dominanz bringt meine Muschi zum Kochen.

Gierig presst er seine Lippen auf meine und schenkt mir für einen Moment die Zuneigung, die ich schon lange nicht mehr erfahren habe. Als seine starken Hände meinen Hintern packen und mein Gesäß hochheben, schlinge ich meine Beine um sein Becken. Meine Möse schreit nach ihm in vollem Ausmaß und will, so hart es geht, gestopft werden.

Max erhört mich. Im Stehen dringt er mit seinem Riesenschwanz in mich ein und drückt mich dabei mit dem Rücken gegen den Baumstamm. Er stößt fest zu.

Der Druck, der sich in meinem Unterleib aufbaut, bringt mich zum Schweben. Max gibt mir die Nähe, die ich zum Überleben brauche, während Hagel vom Himmel fällt und eine bedrohliche Wettersituation schafft. Eine Extremsituation, die mich nur noch mehr aufgeilt.

»Oh jaaa«, stöhne ich und lasse mich unter seiner starken Führung fallen.

Seine Kondition macht sich bezahlt. Er ist eine Maschine und bringt meine Muschi zum Auslaufen. Wie ein Tier fickt er mich um meinen Verstand und bis an meine Grenzen. Ich schließe meine Augen, während mein Körper zu warmer Butter erweicht und jegliche Kontrolle verliert. Ich spüre nur noch seinen harten Pimmel, der mich bestraft und segnet zugleich. Seine Stöße bringen mein Blut zum Kochen und alles in mir zum Beben. Eine unbändige Hitze rauscht durch meinen Körper und wärmt mich trotz des kalten Regens, der auf uns herabprasselt.

Ich stöhne laut, während er mir mit seinem harten Fick, die Luft zum Atmen nimmt. Ich bin ihm komplett ausgeliefert und kann dem Sturm in mir nicht mehr entkommen. In meiner Möse braut sich ein Unwetter zusammen, das dem Hagel über uns Konkurrenz macht. Immer aggressiver stößt Max mit seinem harten Schwanz in meine feuchte Muschi und löst damit in ihr einen Starkregen aus. Aus mir prasseln die Tropfen der Sünde, während sein Knüppel immer wieder in deren Quelle versinkt.

»Du bist so geil nass«, stöhnt er, als sich der Saft meiner Möse in eine Sintflut transformiert und meinem Unterleib in eine Göttin der Gier verwandelt.

Eben noch war ich seine Gefangene, doch nun hat sich das Blatt gewendet, und er erliegt mir. Mit meiner warmen Möse ködere und schwäche ich ihn in jeder Sekunde. Max ist unfähig, sich dagegen zu wehren, und wird der Sklave meines körpereigenen Saftes. Das Ausmaß meiner feuchten Muschi macht ihn rasend und ist zu viel für sein Gemüt. Er stöhnt laut auf und kann seine Geilheit nicht mehr im Zaum halten. Lüstern hauche ich ihm mein Verlangen ins Ohr und genieße es, als seine Atmung zunehmend schwerer und die Geräusche seiner Lust immer intensiver werden.

Gegenseitig entführen wir uns in eine Welt, in der nur die Gier zählt, und blenden alles um uns herum aus. Unsere Körper beben im Gleichklang und existieren nur für diesen Augenblick. Erst, als Max zusammenzuckt und seinen Saft in mich hineinschießt, holt uns die Realität wieder ein und macht mich erneut zu der Kriminellen, deren Strafe noch bevorsteht.

Als er mich hinunterlässt, habe ich weiche Beine, die mich nicht mehr tragen wollen. Erschöpft setze mich auf den Boden und lehne mich an den Baumstamm.

»Es sieht so aus, als müssten wir noch eine Weile hier unter der Baumkrone verbringen, bis das Unwetter vorüber ist«, sagt er, während er seine Hose wieder hochzieht und seinen geilen Pimmel verdeckt.

»Okay, wie wäre es, wenn du mir die Handschellen abnimmst?«, bitte ich.

»Kommt gar nicht infrage. Dass ich dich gefickt habe, bedeutet nicht, dass du jetzt Sonderrechte besitzt.«

Max setzt sich neben mich, als der Wind über uns hinwegfegt und an den Sturm der Lust erinnert.

»Tut mir leid, dass ich gefragt habe«, zicke ich ihn an, was er ignoriert.

Wie kann etwas, dass so geil ist, so schnell zur Vergangenheit werden? Und warum sind Männer nur so egozentrisch?

Während wir den Regen beobachten, sind wir beide stumm und denken darüber nach, was passiert ist. *Ich sollte mir öfter einen Mann in Uniform fürs Vergnügen suchen*, denke ich und erlebe den Moment noch mal in meinem Kopf.

Verschmitzt schaue ich zu ihm rüber und bemerke, dass er eingenickt ist.

»Oh Max, böser Fehler«, flüstere ich, als ich sehe, dass ein Schlüsselbund aus seiner Hosentasche ragt.

Vorsichtig taste ich mich mit gefesselten Händen an ihn

heran und ziehe zaghaft die Schlüssel heraus. Mein Herz pocht, als er einen Moment kurz aufschreckt. Doch dann fällt sein Kopf auf seine rechte Schulter.

Mir ist klar, dass es nicht klug ist, die Handschellen hier zu lösen und dass die Zeit mein größter Feind ist. Ich nehme den Bund mit den Schlüsseln und laufe los. Das Adrenalin in meinen Körper treibt mich an. Ich renne so schnell ich kann, im Regen davon und mein Verstand hofft, dass dieser notgeile Typ mich nie mehr wiederfindet. Einzig allein mein Herz hofft auf Max, um erneut festgenommen zu werden.

Mein verfickter Arbeitskollege

Vor ein paar Wochen habe ich eine Lehre zur Industriekauffrau begonnen. In dieser Ausbildung durchläuft man mehrere Abteilungen und schnuppert in viele Bereiche hinein. Für meinen späteren Lebensweg ist es perfekt, denn nach einem erfolgreichen Abschluss stehen mir alle Türen offen.

Im Moment bin ich im Lager eingesetzt. Viel lernen tue ich hier bisher nicht. Statt für den Geist förderliche Arbeiten zu tun, sortiere ich den ganzen Tag Schachteln und Kartons. Es ist langweilig und eintönig, aber wenigstens hält es mich fit.

Auf Dauer wäre es keine Tätigkeit für mich. Trotzdem stehe ich jeden Morgen gern auf, denn es gibt viele Kollegen, die ich hier liebgewonnen habe und die meine Tage mit ihrem Witz und Humor bereichern.

Und dann gibt es zwischen all den Verpackungen und Süßwaren »ihn«. Den heißesten Mitarbeiter, den die Welt jemals gesehen hat. Sein Name ist Anton. Anton Schmidt. Am Anfang war ich echt genervt von ihm, aber sein Charme und das feurige Temperament, das durch seine Adern fließt, hat mich dann doch um den Finger gewickelt. Nicht nur ein bisschen, sondern so sehr, dass mir schon heiß wird, wenn ich an ihn denke. Es ist wirklich irre, aber alles in mir kribbelt bei seiner Anwesenheit, und die Schmetterlinge versorgen meine Möse mit ständigen Bewegungen. Oh Gott, ich habe es mir schon so oft gemacht beim Gedanken an ihn. Die Sache hat nur einen Haken: Anton ist elf Jahre älter als ich und verheiratet.

Ich weiß, dass es dumm ist, von ihm zu träumen, doch die Wahrheit ist, ich kann es nicht lassen. Jeder Versuch, dagegen anzukämpfen, erhöht mein Verlangen nach ihm nur noch mehr. Ich will ihn ficken, mit meiner ganzen Seele, und ich weiß nicht, wie lange ich noch stark sein kann.

***

Heute ist ein besonderer Tag, und ich habe mich schon lange auf ihn gefreut. Denn jeden Dienstag habe ich die Aufgabe, beim Personalverkauf mitzuhelfen. Ich liebe es, verkäuferisch tätig zu sein und soziale Interaktion zu betreiben. Doch noch mehr liebe ich es, dass ich an diesem Ort Anton nahe sein kann.

Gut gelaunt gehe ich zum Supermarkt und laufe die Treppe hoch in das Gebäude, das mich zum Traum meiner schlaflosen Nächte führt. Jedoch war mir nicht klar, wie nah er mir tatsächlich ist.

Als ich oben angekommen bin und die Tür öffne, reißt mich Anton sofort unsanft aus der Situation. Er packt mich in Windeseile an den Schultern und schiebt mich in einer Geschwindigkeit, von der mir schlecht wird, von der Tür weg gegen die Wand. Den Augenblick rechtzeitig zu erfassen, ist schwer, alles geht viel zu schnell. Anton kommt mir so nah, dass ich seinen Atem auf meinem Hals spüre, als sein Mund sich meinem Ohr nähert. Das Kribbeln, das er damit auslöst, verwandelt mich in eine unzurechnungsfähige Frau. Wie kann ein Mann nur so verdammt heiß sein?

»Pack mir bitte eine Tüte von den weißen Riegeln zusammen«, sagt er, während seine Nähe mich lähmt.

Ich fühle mich, als würden Hunderte Ameisen über meine Haut laufen und ich zur Decke schweben, weil mich sein betörender Duft berauscht.

»Sally? Hast du mich verstanden?«, fragt er nach.

»Ähm ja. Was soll die Frage?« Ich schiebe ihn von mir.

Nervös stoße ich die Luft aus und schaue ihm tief in die Augen. Gott, warum ist er nur so verdammt sexy? Ich werde nass zwischen den Beinen und träume. Ich stelle mir vor, wie wir es genau hier treiben, und versinke in eine Traumwelt.

Anton presst seine Lippen auf meinen Hals und liebkost liebevoll meine Haut.

»Was machst du?«, frage ich ihn, während eine Gänsehaut meinen Körper überzieht.

»Du riechst und schmeckst so gut«, flüstert er und verzehrt sich nach mir.

»Anton! Hör auf, es könnte jeden Moment jemand kommen und uns erwischen«, sage ich.

»Das macht es ja so aufregend.«

Ich nehme sein Gesicht zwischen meine Hände und sehe ihn eindringlich an. Seine Augen leuchten wie funkelnde Sterne, als er mich mustert.

»Sag, dass ich aufhören soll, dann höre ich auf«, sagt er.

Doch ich will nicht, dass er aufhört, also bleibe ich still. Ich beiße mir auf die Schmolllippen und alles in mir schreit ihn an: »Küss mich!«

Anton versteht mich ohne Worte. Wild presst er seine Lippen auf meine und schiebt seine Zunge in meinen Mund. Als unsere Zungen sich miteinander verbinden, bin ich im siebten Himmel und an der Erfüllung meiner Träume angelangt. Das Verlangen zwischen uns nimmt überhand. Plötzlich ist es egal, ob wir erwischt werden.

Anton führt seine Hand unter mein Shirt und packt eine meiner Brüste. Mit festem Griff massiert er meine Titte so erregend, dass es in meinem Unterleib zieht. Meine Möse signalisiert mir, dass sie gefickt werden will.

Ich drücke mein Knie zwischen seine Beine und befühle die harte Beule, die sekündlich an Standhaftigkeit zunimmt. Oh ja, das ist genau der Pimmel, den ich spüren möchte.

Die Laute, die ich vor Gier ausstoße, bleiben ihm nicht verborgen. Schlagartig führt er seine Hand unter meinen Rock, um die Grotte der Lust zu befühlen. Als seine Finger den Stoff meines Slips zur Seite schieben und mein feuchtes Loch erkunden, fangen seine Augen an zu glänzen.

»Boah, bist du nass«, sagt er.

»Ja und du bist schuld«, keuche ich, während seine Finger in mich eindringen.

Stück für Stück erforscht er mein Inneres und steckt die zwei Finger so tief er kann in mein feuchtes Loch.

»Oh Anton!«, stöhne ich und kralle mich an seinen Schulterblättern fest.

Der Druck in mir wird immer größer, während er meinen G-Punkt massiert und mich in den Himmel bringt. Oh ja, seine Berührungen machen aus mir ein Luder, das bereit ist, sein Spielzeug zu werden.

Gierig führt er seinen Mund zu meinem Ohr und sein Atem kitzelt auf meiner Haut. Doch als ich höre, was er mir zu sagen hat, verwandelt sich das Kitzeln in ein gnadenloses Prickeln.

»Soll ich dich ficken?«, fragt er.

»Hier? Bist du verrückt?«, stoße ich aus und die Hitze steigt mir zu Kopf.

»Nein, ich bin geil auf dich und will wissen, wie du dich anfühlst.« Anton lässt von mir ab und tritt einen Schritt zurück.

Ich beobachte ihn und kann nicht glauben, was er tut. Er

öffnet die Knöpfe seiner Jeans und zieht sie samt Boxershorts herunter. Zum ersten Mal sehe ich das riesige Ausmaß, das er bisher versteckt hielt. Sein Pimmel ist gewaltig groß, und er zeigt auf mich.

Oh ja, ich bin die Auserwählte und er will mich. Und zwar jetzt. Er entledigt sich seiner unteren Klamotten und kommt wieder auf mich zu. Doch diesmal ist er bestimmend in seinem Handeln. Denn er weiß, was er will und dass ihn nichts mehr davon abhalten kann. Herrisch führt er seine Hand erneut unter meinen Rock und zerreißt meinen Slip wie ein Tier. Dann wirft er ihn zu Boden. Er drängt sich mit seinem harten Kolben zwischen meine Beine und presst das dicke Stück Fleisch gegen meine Schamlippen. Danach schiebt er sie mit seiner Eichel auseinander. Die Lusttropfen laufen aus seiner Kuppe und versorgen meinen Kitzler mit einem schmierigen Saft, der sich mit der Wärme seines Schafts verbindet.

Oh mein Gott, diese wohlige und sündhafte Hitze, mit der er mich versorgt, macht mich wahnsinnig und schaltet nun die letzte Vernunft in meinem Geist aus.

Ich hebe mein rechtes Bein und schlinge es um seine Hüfte, um ihn so fest wie möglich an mich zu drücken.

Sofort packt Anton mich unter den Arschbacken und hebt mich hoch, sodass ich ihn mit beiden Beinen umschließen kann. Er drückt mich gegen die Wand, während er mit seinem Schwanz den Eingang in mein Inneres sucht. Meine nasse Muschi läuft aus und die Sünde tropft auf den Boden.

»Ohhhhhhhh«, stöhne ich, als sein geiler Pimmel fündig wird und die ersten Zentimeter meiner triefenden Höhle erkundet.

Dann stößt er zu. Zuerst langsam und danach zunehmend schneller. Ich schaue ihn an und verliere mich in seinem Blick. Seine dunklen Augen fixieren mich und beobachten jede Reaktion, die er in mir auslöst. Zu gern würde ich wissen, was er denkt, doch seine Stöße lassen keine Gedanken zu.

Anton fickt mich um den Verstand und in eine andere Welt. Ich lege meinen Kopf auf seine Schulter, weil ich dem Druck nicht mehr länger standhalten kann. Der Geruch des Verlangens löst in mir einen Rauschzustand aus, der gefährlicher nicht sein könnte.

Plötzlich höre ich ein Räuspern, das die Melodie unserer Leidenschaft unterbricht.

Meine Fantasie hat mir einen Tagtraum beschert. Aber er war verdammt schön.

»Sally! Erde an Sally«, sagt Anton und sieht mich, während er mit der Hand vor mir herumwedelt, fragend an.

»Ja?«, frage ich und kann mir ein Lächeln nicht verkneifen.

Wenn er wüsste, dass er mich in Gedanken gerade schmutzig durchgefickt hat …

Ich frage mich, ob er in der Realität auch so einen gewaltigen Pimmel hat. Doch die ersten Kunden reißen mich aus meiner dreckigen Fantasie. Schade. Schneller als mir lieb ist, lösen sie unsere Zweisamkeit zu meinem Bedauern auf.

Grund genug, dass Anton von mir ablässt und sich von mir entfernt. Er klopft mir auf die Schulter und zwinkert mir verführerisch zu. Danach überlässt er mich meinem Schicksal und verschwindet, damit kein dummes Gequatsche entsteht.

»Verdammt, warum muss alles immer so schnell vorbei sein?«, frage ich mich und verfluche meine anderen Kollegen, dass sie mir die kostbare Zeit mit ihm rauben.

Aufgelöst und mit den Gedanken an ihn, schließe ich den Laden auf, um mich um meine Arbeit zu kümmern. Doch das fällt mir schwer. Immer wieder denke ich an seinen warmen Atem auf meiner Haut und das Feuer, das er in mir ausgelöst hat.

Es ist nichts passiert und trotzdem war es so heiß, dass ich fast an seiner Nähe verbrannt wäre und meine Muschi zu sabbern anfing.

Dieser Mann macht mich wahnsinnig und ist der Grund dafür, dass meine Slips seit Wochen dauerfeucht sind und ich unkonzentriert arbeite.

Immer wieder blicke ich zur Tür, die zum Lager führt, und warte auf seine Wiederkehr. Aber er kommt nicht.

***

Ich rechne die letzte Kundin ab und schließe den Personalverkauf, um in die Mittagspause zu gehen.

Für Anton habe ich eine Tüte gepackt, nur leider hat er sie nicht geholt, und ich weiß nicht, wann seine Schicht heute endet. Wenn er Mittelschicht hat, endet sie jetzt. Darum entschließe ich mich, sie ihm zu bringen. Nervös laufe ich ins Lager. Doch von ihm fehlt jede Spur.

Sally, so kann es nicht weitergehen, denke ich und bin genervt, dass ich so verrückt nach ihm bin, dass ich ihm wie eine Stalkerin in die Lagerhalle folge. Ich gucke nach links und rechts, aber Anton ist nirgends auffindbar.

»So ein blöder Idiot«, sage ich.

»Ich hoffe niemand, den ich kenne!«

Diese Stimme liebe ich. Ich drehe mich um und lächle. Mein Zorn ist sofort verflogen bei seinem heißen Anblick.

»Na ja, leider doch«, sage ich, während er mich dreckig angrinst.

»Habe ich dir nicht gesagt, dass du es unterlassen sollst, so mit deinem geilen Arsch zu wackeln?«, tadelt er mich.

»Ach, habe ich das gemacht?«

»Ich habe dich von hinten beobachtet, und du gehörst verhaftet, weil du zu sexy bist«, sagt er, während ich mir wünsche, er würde mich verhaften.

»Du weißt doch, dass ich gern Dinge tue, die ich eigentlich nicht soll. Hier ist dein Proviant, um den du mich so angefleht hast.«

Anton nimmt mir die Tüte ab und wirft einen Blick hinein. Dass ich ihm seine Wünsche erfülle, gefällt ihm.

»Ach Sally, wenn ich nur zehn Jahre jünger wäre …«

»Was wäre dann?«, frage ich, während meine Augen ihn ausziehen.

»Ich würde dich sofort zum Essen einladen.«

»Mach es doch einfach«, sage ich.

»Das geht nicht! Das weißt du.« Er blickt mich prüfend und ernst an.

Ich bin enttäuscht. Warum wehrt er sich nur so gegen seine Gefühle? Das Knistern zwischen uns ist echt und definitiv nicht eingebildet. Trotzdem finden wir nicht zusammen, nicht mal körperlich.

»Okay, kein Problem«, sage ich, obwohl es mich innerlich zerreißt.

Ich weiß ja, dass er recht hat. Doch wenn die Muschi gegen den Verstand arbeitet, fällt das Verstehen schwer. Meine Sinne interessiert es herzlich wenig, ob die Moral gegen uns ist. Sie wollen ihn komplett, mit Leib und Seele.

Anton spürt wohl die Traurigkeit in mir, obwohl ich sie nicht ausspreche. »Vielleicht passieren ja irgendwann noch Wunder«, sagt er und zwinkert mir zu.

»Ja, vielleicht«, sage ich leise und wende mich von ihm ab. Mit gemischten Gefühlen verlasse ich die Lagerhalle, während ich spüre, wie seine Augen an meinem Arsch haften.

***

Weitere zwei Stunden später begebe ich mich in die Umkleidekabine, um in meinen wohlverdienten Feierabend zu starten. Schon von Weitem sehe ich etwas aus meinem Spind herausblitzen. Es ist ein verschlossener Briefumschlag, der dort seitlich hineingeschoben wurde.

»Was ist denn das?«, frage ich mich und ziehe den Brief, auf dem kein Absender verfasst ist, heraus.

Ich bin verwundert. Doch die Neugier über den Inhalt ist größer, sodass ich es nicht bis nach Hause abwarten kann. Ungeduldig öffne ich den Umschlag.

»Ich gebe es zu: Ich will dich genauso, wie du mich willst. Warte nach Feierabend in der Behindertentoilette auf mich und verbinde dir die Augen mit deinem Schal. Ich werde zehn Minuten später bei dir sein.«

»Was? Soll das ein Scherz sein?«

Mein Puls schlägt mir plötzlich bis zum Hals und mir wird schlecht. Kann dieser Brief wirklich von Anton sein? Hat er es sich anders überlegt?

»Oh mein Gott«, juchze ich vor Freude und schaue auf die Uhr, die mir offenbart, dass ich nur noch fünf Minuten Zeit habe. In Windeseile öffne ich meinen Spind und hole ein sauberes Shirt heraus. Schnell ziehe ich es über und sprühe mich mit Parfüm ein. Jetzt muss alles schnell gehen.

Ich eile mit dem Schal in das Behindertenbad und gucke in den Spiegel. Aufgeregt zupfe ich mein Haar zurecht und fahre mit den Fingern in meinen Slip, um zu überprüfen, wie frisch ich bin. Doch alles gut. Ich schmecke nach Leben und Lust. Was er wohl mit mir vorhat, frage ich mich.

Dann höre ich jemanden den Umkleideraum betreten. Oh Gott. Schnell laufe ich zum WC und tue, was Anton im Brief verlangt hat. Ich setze mich auf den Klodeckel mit dem Blick zur Tür und verbinde mir die Augen. Mit jedem Schritt, der sich mir nähert, dreht sich mein Magen ein Stück mehr um. Ich falle fast in Ohnmacht, so doll schlägt mein Herz.

Dann ist es so weit. Als ich höre, wie jemand die Türklinke herunterdrückt, atme ich tief durch und stoße die Luft aus. Jetzt gibt es kein Zurück mehr.

Angespannt sitze ich mit zusammengekniffenen Beinen wie eine ängstliche Sklavin auf dem WC und warte darauf, was passiert. Dass ich seine Anwesenheit wahrnehme und ihn trotzdem nicht sehe, macht mich rasend und gleichzeitig geil.

Ich habe tausend Gedanken im Kopf und mein Herz ist kurz davor, aus meiner Brust herauszuspringen, als er die Tür verriegelt.

»Anton?«, frage ich leise, während mich die Dunkelheit quält und wahnsinnig macht.

Doch er antwortet nicht und überlässt mich meiner Ungewissheit.

»Anton? Bitte sag was!«

Dass er nicht reagiert, ist mir unangenehm. Ich halte das nicht aus. Aufgeregt führe ich meine Hände zum Schal, um meine Augen wieder von der Dunkelheit zu befreien. Doch als ich ansetzen will, stoppt mich seine Hand.

Er greift nach meinen Fingern und führt sie langsam hinunter zu meinen Oberschenkeln. Dort legt er sie ab. Ich bin wie gelähmt von dem Knistern, das durchs Bad fliegt, und der Ungewissheit, was passieren wird.

Anton macht es spannend. Als ich seine Hand auf meinem rechten Oberschenkel spüre und sie mein Knie umfasst, zucke ich vor Schreck zusammen. Was hat er nur vor? Wird es so schmutzig, wie ich es mir vorstelle? Es fällt mir schwer, mich zu entspannen, da ich ihn nicht sehe und wir uns nie vorher so nahe waren. Obwohl ich auf diesen Moment sehnsüchtig gewartet habe, bin ich nervös wie nie zuvor. Meine Aufregung steigt so hoch wie ein Waggon, der auf den steilsten Punkt einer Achterbahn zusteuert.

Im Gegensatz zu mir ist Anton selbstsicher. Er weiß, was er

will und hat kein Problem damit, es sich zu holen. Vorsichtig schiebt er meine Beine auseinander und verschafft sich Einblick in meine ausgehungerte Muschi, die vom Slip bedeckt ist. Diesem Anblick kann er anscheinend nicht widerstehen. Gierig führt er seine Finger an meine Möse und zeichnet oberhalb des Stoffes die Konturen der Schamlippen nach. Das Kribbeln, das dabei in mir entsteht, bringt mich fast um vor Erregung.

Ich will seine Hand wegschieben, doch das lässt er nicht zu. Herrisch legt er meine Handflächen auf die Griffe, die neben dem WC montiert sind, und gibt mir zu verstehen, dass ich mich festhalten soll. Mein Gehirn schaltet sich aus und verwandelt mich in einen Sexroboter, der tut, was sein Erfinder von ihm verlangt.

Ich kralle mich an den Armstützen fest, als er weiter auf Erkundungstour geht, und lasse mich auf das Spiel ein. Plötzlich merke ich warmen Atem zwischen meinen Beinen. Sofort atme ich schwer und mir wird wohlig heiß. Als er mir auf den Slip haucht, bringt er mich um den Verstand. Ich schiebe unbewusst mein Becken ein Stück nach vorn, in der Hoffnung, dass er meine nasse Muschi mit seinem Mund berührt.

»Oh Anton«, keuche ich schwer atmend.

In dem Moment befühlt seine raue Zungenspitze meine Klitoris und umkreist sie sanft. Ich stöhne laut auf und lasse zu, dass er den dünnen Stoff mit Speichel tränkt. Oh Gott, was passiert hier gerade?

Behutsam fährt er mit seiner Zunge zwischen meine Schamlippen hinunter zum nassen Loch und drückt den Slip in die Öffnung herein, sodass er in der Feuchtigkeit meiner Muschi ertrinkt. Wieder nimmt Anton mit der Zunge Kurs zu meiner Lustperle auf, doch diesmal schiebt er gleichzeitig mit seinen Fingern den unteren Stoff zur Seite. Mit zweien dringt er in meine nasse Höhle ein, während die Zungenspitze mich oberhalb verwöhnt. Ich versuche, die Lust in mir zurückzuhalten. Doch es geht nicht.

»Ohhh«, stöhne ich, und es wird zunehmend lauter, während er mein Inneres massiert, als wäre er Tantra-Masseur. Er ist ein Profificker und mein Bauchgefühl hat mich nicht getäuscht. Je mehr ich seine Liebkosungen genieße, desto derber kommt er in Fahrt.

Meine Muschi zu schmecken, geilt ihn ordentlich auf. Er will mehr. Mit Gewalt zieht er mein Becken ein Stück zu sich nach vorn und hilft mir aus dem Slip. Dann presst er seinen Mund gegen meine nasse Grotte, so fest, dass ich seine Nasenspitze inmitten meiner Schamlippen spüre, sowie die Luft, die sie mit jedem Atemstoß ausstößt.

Die Vorstellung, dass er meine Muschi in diesem Augenblick nicht nur schmeckt, sondern auch riecht, bringt mein Blut zum Kochen.

Doch nicht nur ich bin der Lust hilflos ausgeliefert. Denn Antons Verwöhnprogramm geht in die zweite Runde. Er besorgt es mir mit zunehmender Intensität und meine Geilheit nimmt permanent zu. Die Bewegungen seiner Finger steigern sich im Gleichtakt mit dem Tempo seiner Zunge. Er ist so versessen darauf, mich zu befühlen, dass die Fleischeslust aus meiner Muschi läuft wie Wasser aus dem Wasserhahn.

Ein Orkan von Gefühlen fegt über mich hinweg und versetzt mich in eine Welt, in der es keine Verbote gibt. Ich bin unfähig, dem Druck, den er in mir ausübt, standzuhalten, und zucke mit einem lauten Lustschrei zusammen. Während mein Körper bebt und den Sündensaft ausstößt, ist sein Schwanz kurz vorm Platzen.

Zufrieden lässt er von mir ab und richtet mich ein Stück auf. Das Geräusch, wie er seine Hose öffnet und seinen Pimmel freilegt, ertönt wie ein Lied aus den Top Ten in meinen Ohren.

Gierig stellt er sich vor mich und greift nach meinem Kinn.

Dann drückt er die Seiten meiner Wangen zusammen und formt so einen Kussmund. Mit seiner Eichel fährt er über meine Lippen und schmiert sie mit den Lusttropfen ein, die aus ihr heraustreten.

Es fühlt sich an wie eine pflegende Lotion auf meinen sinnlichen Schmolllippen, als er seine Gier darauf verteilt. Doch einreiben reicht ihm nicht, er will, dass ich sie schmecke. Mit dem Daumen seiner freien Hand öffnet er leicht meinen Mund, um seinem Schwanz Eintritt zu gewähren. Ich kann es kaum erwarten, von ihm zu kosten, und der Genuss lässt nicht lange auf sich warten. Lüstern drängt er sein dickes Teil in mich hinein und packt mit seiner Hand meinen Kopf, um mich beim Schwanzlutschen zu dominieren. Dabei stöhnt er schwer auf. Sein Prügel ist fetter, als ich dachte. Zuerst habe ich Mühe, ihn komplett aufzunehmen. Doch ich gebe mein Bestes. Ich lutsche so genüsslich an ihm, als würde ich ein Eis schlemmen. Dann halte ich inne und lasse ihn Stück für Stück tiefer in mir verschwinden. Das gefällt ihm sehr. Der orale Fick ist für Anton das Sahnehäubchen meiner Unterwürfigkeit.

Seine Atmung ist flach und schnell, während er mit dem festen Griff an meinem Kopf das Tempo dominiert. Er schmeckt so gut! Doch dann wird er grober und verliert die Kontrolle über seinen Trieb. Er schiebt seinen dicken Bolzen so tief in mich rein, dass mir Tränen in die Augen schießen und ich würgen muss.

Er ist zu weit gegangen und das bleibt ihm nicht verborgen. Schnell lässt er von mir ab und zieht seinen Schwanz aus meinem Mund heraus.

Ich atme tief durch, aber Antons Gier lässt mich nicht kalt. Er hat sie mir als ewige Erinnerung hinterlassen und damit den Druck in meinem Unterleib immens verstärkt. Ich kann es nicht erwarten, dass er mich endlich durchfickt.

»Fick mich!«, flüstere ich leise und halte es kaum aus.

Anton erhört mein Flehen. Er nimmt meine Hand und zieht mich hoch in den Stand. Langsam streicht er mir über meine Lippen und zeichnet die Konturen nach.

Das Prickeln in meinem Bauch ist stark wie nie zuvor und erreicht seinen Höhepunkt. Ich will ihn! Viel zu lange warte ich schon darauf, dass er mich für seine Lust benutzt und heute wird mein Traum erfüllt.

Anton dreht mich um und drückt mich mit dem Oberkörper nach unten. Mit den Händen stütze ich mich auf dem Klodeckel ab. Ich strecke ihm meinen Hintern entgegen und kann den Augenblick nicht erwarten, dass er in mich eindringt. Ungeduldig kreise ich mein Becken, während er meine Arschbacken massiert und mich willenloser macht. Doch dann hält er es selber nicht mehr aus. Er stößt seinen dicken Prügel in mein nasses Loch und stopft meine ausgehungerte Muschi mit seinen Stößen.

Die Mahlzeit, die er mir liefert, ist deftig. Während sich mein Appetit ins Unermessliche steigert, sorgt er für mehrere Gänge in meinem zarten Tunnel. Er spielt mich so nass, dass sein Schwanz in meiner Möse ertrinkt. Die Wellen, die er dabei schlägt, sind gewaltig. Der Lustsaft spritzt wie eine Fontäne aus mir heraus.

»Oh Anton!«, stöhne ich laut und schiebe ihm mein Becken noch mehr entgegen. Ich will ihn so tief wie möglich spüren. Der Moment, in dem sein fetter Pimmel in mir steckt, soll niemals enden.

Die Art, mit der ich mich ihm hingebe, macht ihn ordentlich geil, sodass er mit seinen Händen meine Titten packt und sich hart an ihnen festhält. Wie von einer Hummel gestochen, legt er an Tempo zu und lässt die Situation vollkommen eskalieren. Er fickt mich, als würde es um Leben und Tod gehen.

Meine Muschi ist so viel Penetration nicht gewohnt. Ich

verliere die Kontrolle über meinen kompletten Körper. Hitze steigt in mir auf und beflügelt meine Sinne. Dann passiert es. Der Druck in meinem Unterleib wird so stark, dass ich es nicht mehr stoppen kann. Ich explodiere, zucke wie verrückt zusammen und schwebe durch Raum und Zeit.

In dem Moment kann auch Anton dem Druck nicht mehr länger standhalten. Er keucht vor Lust und seine Stöße leiten den letzten Akt ein, bis ihn der Kontrollverlust ereilt. Er pumpt seinen Saft in meine nasse Möse und stöhnt laut auf.

Oh mein Gott, war das geil, denke ich und bin unfähig, zu handeln. Ich habe das Gefühl zu träumen. Zu unreal erscheint mir das eben Passierte. Während ich noch versuche, den Augenblick zu erfassen, zieht Anton seinen dicken Schwanz aus mir heraus. Dabei sagt er kein Wort. Doch dann höre ich seine Schritte und wie er den Schlüssel in der Tür umdreht.

»Anton? Wo gehst du hin?«, frage ich und nehme schnell den Schal herunter.

Aber als ich wieder Licht sehe, fehlt von ihm jede Spur und er ist weg.

»Verdammt, was soll das denn!«, sage ich aufgebracht.

Gedemütigt suche ich mein Höschen, das mir Anton ausgezogen hat. Doch ich kann es nicht finden.

»Scheiße, er hat meinen Slip mitgenommen! Das darf doch nicht wahr sein!«

Ich schäme mich, dass ich mich zu so einer Dummheit hab hinreißen lassen und bin wütend auf ihn, dass er mich hier so zurücklässt. Verzweifelt ziehe ich meinen Rock herunter. Ich laufe zur Umkleide und nehme meine Tasche, um ihm schnell hinterherzueilen und zur Rede zu stellen. Doch als ich den Parkplatz erreiche, sehe ich, dass sein Auto längst nicht mehr da ist. Wie kann das sein, dass er so zügig das Gelände verlassen konnte? Seine Schicht ist doch noch gar nicht zu

Ende. Oder hatte er Mittelschicht? Aber dann hätte er schon vor zwei Stunden Feierabend haben müssen.

Ich verstehe die Welt nicht mehr. Der einzige Mensch, den ich erblicke, ist Toni, der sechzigjährige Hausmeister. Dieser grinst mich lüstern an und aus seiner Hosentasche hängt ein Stück Stoff.

Plötzlich kommt mir ein schauerlicher Gedanke und mir wird schlecht. Kann es sein, dass ich mich dem Falschen hingegeben habe und das Stück Stoff mein Höschen ist?

Der notgeile Boss

Mein Name ist Sirina und ich bin fünfundzwanzig Jahre alt. Heute ist ein besonderer Tag, den ich lange geplant habe. Ich schnuppere einen Tag in die Redaktion von »Pitu« rein, dem derzeit angesagtesten Aufklärungsmagazin auf dem deutschen Markt. Auf diesen Tag habe ich mich schon gefreut. In den Medien hört man nur Gutes und die Leserschaft des Magazins wächst von Tag zu Tag.

Ein so erfolgreiches Unternehmen erfordert Struktur und kreative Köpfe. Ich kann es kaum erwarten, den Arbeitsablauf kennenzulernen und zu erfahren, wer die Gesichter hinter der Zeitschrift sind.

Es interessiert mich brennend, ob die Mitarbeiter untereinander harmonieren und zufrieden mit den Arbeitsbedingungen sind.

Ich hoffe, es ist so perfekt, wie ich es mir erträume. Denn ich habe die Vision, dass ein so angesehener Betrieb, die besten Voraussetzungen für die Arbeitnehmer schafft. Um mich davon zu überzeugen, habe ich mir einen Praktikumstag beschafft.

***

»Hey, du musst Sirina sein«, empfängt mich eine kleine Brünette mit einer auffallend großen Brille an der Eingangstür.

Sehr ausgefallen, aber zu ihr passt es. Ihr karierter Pullover und ihr Faltenrock geben ihr einen nerdigen Touch.

»Ja, das bin ich.«

»Sehr gut, ich bin Nadja. Ich bin für dich zuständig und dein Ansprechpartner, wenn du Fragen hast. Folge mir.«

Nadjas Lächeln ist ansteckend.

»Sorry, kannst du mir kurz verraten, wo die Toilette ist.«

»Oh, na klar, gleich hier vorn links. Ich warte am Anmeldetresen auf dich«, sagt sie.

»Perfekt. Danke.« Ich gehe zügig zu den Toiletten.

***

Nadja scheint nett zu sein. Ich bin gespannt, wie die anderen Mitarbeiter sind, und kann es kaum erwarten, sie kennenzulernen.

Gut gelaunt und voller Tatendrang sitze ich auf dem WC. Als ich fertig bin und den Abzug betätigen will, höre ich einen Mann und halte inne.

»Jetzt komm schon«, sagt er und öffnet die Kabine neben mir, während mir auffällt, dass ich meine nicht verschlossen habe.

»Aber Chef!«

»Sei still, ich will es genau hier!«

Dann höre ich, wie die Kabine neben mir abgeschlossen wird.

Was ist denn hier los, frage ich mich und klettere auf die Toilette. Was ich da sehe, lässt mich nicht kalt. Ein Mann mit dunklen Haaren, dessen Gesicht ich von oben nicht erkennen kann, öffnet seine Hose und holt seinen prallen Schwanz heraus. Er ist in einem erigierten Zustand, und was er von der Blondine, die vor ihm steht, verlangt, ist offensichtlich.

Ohne zu zögern, geht sie auf die Knie und nimmt seinen dicken Pimmel in die Hand. Sie spuckt drauf und startet das Kinoprogramm ab achtzehn. Genüsslich wichst sie sein Prachtexemplar, während sie sich mit ihrem Gesicht seiner Eichel nähert und ihre Zunge herausstreckt.

Obwohl ich es nicht will, empfinde ich automatisch Lust bei dem Anblick, sodass ich mit der Hand unter mein Kleid fahre und mich selber berühre. Gierig wandere ich mit der Hand in meinen Slip. Während ich langsam meine Lusterbse massiere, schaue ich beiden bei ihrem Treiben weiter zu. Es sieht so geil aus, wie sie gierig die Lusttropfen mit ihrer Zunge auffängt, die aus seiner Kuppe tropfen.

»Oh ja!«, sagt er und packt ihr Haar.

Sie dreht ihr Gesicht zur Seite, um den kompletten Schwanz mit ihrer rauen Zunge zu verwöhnen. Genüsslich leckt sie an dem Stück Fleisch herum, als wäre es ein Lolli mit sündigem Geschmack.

»Nimm ihn in den Mund!«, befiehlt er.

Sofort umschließt sie seinen Pimmel mit ihren Lippen und lässt ihn in sich verschwinden. Ich bin überrascht, wie tief sie ihn aufnehmen kann. Er verschwindet komplett in ihrer Kehle.

»Ohhh …«, stöhnt er und dominiert mit seiner Hand ihre Auf- und Abwärtsbewegungen, bis Schleim aus ihren Mundwinkeln läuft.

Sieht aus wie ein ordentlich feuchter Spaß, denke ich und umkreise mit der Handfläche meine Klitoris mit zunehmendem Druck. Dabei werde ich immer schneller. Als mich ein wohliges Wärmegefühl ereilt und ich kurz vorm Explodieren bin, beiße ich mir auf die Lippen, um die Geräusche meiner Lust zurückzuhalten. Doch es ist zu schwer. Ein Aufschrei der Ekstase flutscht aus mir heraus und gibt zu erkennen, dass die beiden nicht allein sind. Schnell ziehe ich die Hand aus meinem Slip und verstecke mich mit einem Schmunzeln auf der Toilette.

»Scheiße! Hör auf! Ich habe was gehört«, sagt er.

»Da war nichts.«

»Doch, ich bin mir sicher, geh an die Arbeit!«, befiehlt er ihr.

»Okay. Wann soll ich es zu Ende bringen?«, fragt sie, während er sich hörbar die Hose hochzieht.

»Sei still! Ich melde mich bei dir. Sei auf Abruf bereit. Und nun geh vor, damit uns keiner zusammen sieht.«

»Okay, Chef«, sagt sie.

Als sie das WC verlässt, schallt der Klang ihrer High Heels durch den ganzen Raum. Ich höre, wie er zum Waschbecken läuft und den Wasserhahn betätigt. Doch er wäscht sich nicht die Hände. Er will mich nur in Sicherheit wägen. In Wahrheit hat er etwas anderes vor, denn ich sehe seine Füße, wie sie auf meine Kabine zulaufen. Mein Herz pocht wie wild. Gleich ertappt er mich und weiß, dass ich ihn beim Schwanzlutschen beobachtet habe. Könnte amüsant werden.

Doch wie durch ein Wunder wird er gebraucht. Jemand öffnet aufgeregt die Tür zu den Toiletten und stürmt in den sanitären Bereich.

»Chef, Sie müssen schnell kommen. Herr Bierhof vom Onlinemarketing ist am Telefon und er ist sehr verärgert. Er will Sie sofort sprechen!«, ruft ihn eine männliche Stimme.

In diesen Augenblick verliert die Kabine für ihn an Bedeutung. Er dreht den Wasserhahn wieder zu und verlässt mit der anderen Person den Raum.

»Da habe ich aber Glück gehabt«, sage ich und kichere.

***

Gut gelaunt gehe ich zum Anmeldetresen, wo Nadja bereits auf mich wartet.

»Ich dachte schon, du kommst gar nicht mehr«, sagt sie.

»Sorry, ich musste noch ein wichtiges Telefonat führen. Aber jetzt bin ich für dich da«, sage ich.

»Du strahlst so, als wäre es ein gutes Telefonat gewesen.«

»Oh ja, sehr vielversprechend!«

»Okay, das ist für mich ein Argument, es zu tolerieren. Dann lass uns mal den zweiten Anlauf starten«, sagt sie und kommt vor dem Tresen hervor.

»Gern. Cooles Outfit übrigens«, sage ich, um von der Situation abzulenken.

»Oh, danke! Dein Lederkleid ist aber auch sehr heiß«, meint sie und führt mich durchs Gebäude.

Ich folge ihr über einen langen Flur, an dem mehrere Büros angeschlossen sind. Fast alle Räume sind durch eine Glaswand einsehbar.

»Wow schick, das kreative Chaos kann man hier nicht verstecken«, sage ich.

»Ja, man kann nicht leugnen, dass hier gearbeitet wird«, sagt Nadja und kichert.

»Oh, aber das Büro am Ende des Flurs ist nicht einsehbar?«

»Ja, da sitzt unsere Redaktionsleitung drin. Herr Plott. Wenn ich dir einen Rat geben darf, halte dich lieber von ihm fern. Er ist nicht für Späße zu haben und sehr streng.«

Sehr streng? Auf was sie wohl anspielt? Bei dem Erlebnis auf der Toilette wirkte er herrisch, aber er im positiven Sinne. Als wäre er ein geeigneter Dom. Doch mein Bauchgefühl sagt mir, dass Nadja etwas anderes meint, und lässt mich nichts Gutes erahnen. Um keinen Verdacht zu schöpfen, dass ich den Chef bereits indirekt kennengelernt habe, hake ich nicht nach.

Ein paar Schritte weiter sind wir schon am Ziel angelangt und Nadja hält an. Es ist das vorletzte Büro auf der rechten Seite. Ich beobachte sie dabei, wie sie die Türklinke runterdrückt.

»Das hier ist mein Büro«, sagt sie und öffnet die Tür.

Ihr Arbeitsbereich ist ziemlich klein. Rechts steht ein Regal mit Akten und gegenüber von der Tür ein Schreibtisch, der neben dem PC mit etlichen Unterlagen vollgemüllt ist.

»Nett hast du es hier«, sage ich und bin geschockt.

»Ja, ich weiß, es ist klein, aber immerhin hat man von hier einen super Ausblick«, meint sie und deutet aufs Fenster hinter ihrem Arbeitsplatz.

»Verstehe.«

»Ich würde sagen, wir machen uns einfach an die Arbeit. Ich soll einen Artikel über die Vorlieben der Männer schreiben. Aber ich habe, ehrlich gesagt, keine Ahnung, was die wollen. Aber zum Glück habe ich Google.«

»Google? Ich würde sagen, zum Glück hast du mich, meine Liebe, ich weiß genau, was Männer wollen.«

»Oh, klingt gut.« Sie sieht mich an, als wäre das seltsam. »Nimm dir am besten den Stuhl und dann lass mich an deinem Wissen teilhaben.«

Nadja setzt sich auf den Drehsessel, der an ihrem Schreibtisch steht, und startet den PC. Ich nehme den Stuhl und setze mich neben sie. Während sie damit beschäftigt ist, ihren Rechner in Gang zu bringen, erblicke ich durch die Glaswand einen Mann im Anzug. Obwohl ich sein Gesicht vorhin nicht erkennen konnte, bin ich mir sicher, dass er der notgeile Chef von der Toilette ist. Er sieht echt gut aus. Ich schätze ihn auf Anfang dreißig. Sein gepflegtes Äußeres und sein wohlgeformter Körperbau lassen viele Frauenherzen höherschlagen, da bin ich mir sicher. Denn auch meiner Muschi gefällt, was meine Augen gesehen haben. Sie wird ordentlich nass und verdirbt mit jeder Sekunde, die der geile Kerl sich angeregt mit der Unbekannten auf dem Flur unterhält. Kein Wunder bei dem Programm, das er mir vorhin unbewusst vorgeführt hat.

»Wow, ›Pitu‹ hat echt heiße Mitarbeiter«, sage ich, während ich mir wünsche, dass er seine Energie in mich investiert.

»Von außen ein Engel, von innen ein Teufel. Das ist der Boss, Herr Plott. Am besten nicht ansprechen. Er ist kein guter Mensch. Vergiss nicht, was ich dir über ihn gesagt habe«, erinnert mich Nadja.

»Das enttäuscht mich aber jetzt echt«, sage ich, als seine feurigen Augen auf meine treffen und mich mustern. Sofort wendet er sich von der Dame auf den Flur ab und betritt unser Büro.

Zu meinem Bedauern hat Nadja recht. Er hat keinen Anstand und strotzt vor Respektlosigkeit. Das Schauspiel, das er jetzt abliefert, ist eine Schande.

»Frau Glenn! Was haben Sie schon wieder für einen Mist fabriziert! Wie oft muss Ihnen noch sagen, dass unser Magazin erfolgreich ist, alle Mitarbeiter einhundert Prozent geben, außer Ihnen! Von Ihnen sehe ich leider nur vierzig Prozent. Das ist absoluter Müll, den Sie mir da schon wieder aufgetischt haben. Wenn ich das zur Freigabe gebe, dann werden wir von allen verspottet. Sie können froh sein, dass ich so ein gutes Herz habe und Sie immer wieder davon verschone, sich der Masse zu stellen. Sie müssen besser werden, ich kann Ihnen nicht ewig einen Sonderstatus geben! Langsam habe ich die Schnauze gestrichen voll«, sagt er und knallt den von ihr geschriebenen Artikel wütend auf den Tisch.

»Überarbeiten Sie das, und zwar schnell!«, schreit er sie an und verlässt mit hochrotem Kopf das Büro.

Fassungslos blicke ich Nadja an. Wie kann so ein hübscher Mann von innen so hässlich sein, frage ich mich und bekomme Mitleid mit ihr. Diese Demütigung hat sie nicht verdient. Sie tut mir wirklich leid. Nadja ist es sichtbar unangenehm, dass ich das mitbekommen habe, und sie kämpft mit den Tränen.

»Was war das denn gerade?«, frage ich sie vorsichtig und nehme ihre Hand.

Doch sie bekommt kein Wort heraus und entzieht sie mir. Nur ein Schluchzen ertönt im Raum. Ich gebe ihr die Zeit, die sie braucht. Während sie mit den Sätzen kämpft, die nicht über ihre Lippen gehen, schaue ich auf das Manuskript, das er so lieblos auf den Schreibtisch geknallt hat.

»Darf ich?«

Nadja nickt.

Als ich den Artikel über »Die Abweisung der Frau« lese, staune ich. Der ist echt super geschrieben, sie hat Talent. Was in aller Welt hat er daran auszusetzen?

»Nadja, der ist wirklich gut!«, sage ich zu ihr.

»Das sieht Herr Plott scheinbar anders«, schnieft sie und dreht sich um. Stillschweigend sieht sie aus dem Fenster.

Plötzlich bekomme ich eine Vermutung, denn ihr Artikel verrät mehr, als er sollte.

»Nadja, kann es sein, dass Herr Plott dich belästigt?«, frage ich sie direkt und treffe wohl einen wunden Punkt.

»Du hast ja keine Ahnung! Wenn man hier nicht auf seine Avancen reagiert, ist man nichts wert«, platzt es aus ihr heraus, während sie unbeherrscht aufspringt und ihr Tränen übers Gesicht laufen. Komplett mit den Nerven am Ende verlässt sie das Büro und lässt mich allein zurück.

***

Ich bin aufgewühlt und Wut steigt in mir auf. So habe ich mir den Tag nicht vorgestellt. So schön wie er angefangen hat, geht es nicht weiter, und das ärgert mich sehr.

»Ist dieser Mann wirklich so ein Schwein wie sie behauptet?«, frage ich mich.

Ich bin entschlossen, genau das herauszufinden. Neugierig laufe ich mit dem Artikel von Nadja in der Hand zum Büro von Herrn Plott. Jetzt wird er mich kennenlernen, das steht fest. Denn ich bin keine schwache Frau, die er herumkommandieren kann. Ich habe Feuer in meinem Hintern, und das lebe ich mit Leib und Seele aus.

Ich klopfe drei Mal energisch an die Tür und trete ein, noch bevor er mich hereinruft. Sein Arbeitszimmer ist riesig und doch ist es leer. Außer einem großen Schreibtisch gibt es nichts Gemütliches darin.

»Ich habe nicht ›herein‹ gesagt«, meint er herablassend, ohne den Blick von seinem Handy zu nehmen. Seine Beine hat er auf den Tisch gelegt.

Was für ein Kotzbrocken, denke ich.

»Das interessiert mich herzlich wenig«, sage ich und schließe die Tür von innen.

Mit dieser Antwort hat er nicht gerechnet. Plötzlich blickt er zu mir auf. Perfekt, jetzt habe ich ihn da, wo ich ihn haben möchte. Schlagartig nimmt er die Beine vom Tisch und beendet sein respektloses Verhalten.

»Und Sie sind?«

»Sirina. Ich mache hier ein Praktikum.«

Das amüsiert ihn. Das breite spöttische Grinsen erhellt den leeren Raum.

»Eine Praktikantin, die es wagt, dem Chef dumm zu kommen?«, fragt er und verschränkt die Arme vor der Brust.

»Ganz recht.«

»Ist dir klar, dass ich dich auf der Stelle vor die Tür setzen kann? Dass ich deinen Lebenslauf und weiteren beruflichen Werdegang ohne Weiteres beenden könnte?«

»Das mag sein. Doch die Wahrheit ist, das beeindruckt mich nicht wirklich«, sage ich und laufe lächelnd auf ihn zu.

Herr Plott ist sichtlich überrascht. An seinem Gesichtsausdruck lese ich ab, dass sich das hier bisher niemand getraut hat. Provokativ setze ich mich zu ihm auf die Tischplatte und schlage mein linkes Bein über das rechte. Sofort fällt sein Blick auf meine nackte Haut und den unteren Teil des schwarzen Lederkleids, das meine heiligsten Stellen bedeckt.

»Also die Sache ist die, Herr Plott, ich würde gern wissen, was an diesem Artikel Ihrer Meinung nach auszusetzen ist. Tatsächliche finde ich ihn sogar ziemlich gut«, sage ich und werfe ihm das Schriftstück auf den Schoß. Kurz sieht er auf das Dokument, doch dann schmeißt er es sofort neben mir auf die Platte.

»Sirina! Ich glaube nicht, dass du als Praktikantin beurteilen kannst, welcher Artikel gut oder schlecht ist. Überlasse das bitte den Menschen, die es auf einen hohen Posten geschafft haben.«

»Sie meinen, so wie Sie?«

Er denkt, ich bin sein Spielzeug, aber in Wahrheit ist es umgekehrt. Provokativ lehne ich mich nach hinten und stütze mich mit den Händen ab. Während er meinen wohlgeformten Körper mustert, der in dem engen Kleid perfekt zur Geltung kommt. Meine weiblichen Reize lassen ihn nicht unbeeindruckt. Ich nutze die Gelegenheit seiner Schwäche und nehme das linke Bein vom rechten. Leicht spreize ich die Schenkel und grinse ihn verführerisch an.

»Oh, ich bin mir sicher, du willst hier mal anfassen, nicht wahr?«, stöhne ich verrucht auf und fahre mit dem Finger über meinen Busen.

Mein durchtriebenes Verhalten bringt sein Blut zum Kochen. Das Horn in seiner Hose ist schon deutlich zu sehen, sodass ich meine Beine Stück für Stück weiter öffne. Ich muss zugeben, dass mich dieses Spiel erregt, und ich Bock habe, mit ihm zu ficken. Dass er ein Drecksack ist, hält meinen Trieb nicht davon ab, sich auszuleben. Ich bin gern das Miststück. Meine Muschi tränkt den Slip mit der Lust, die mein verdorbenes Benehmen auslöst.

Er hält es nicht länger aus. Das wundert mich bei diesem Scheißkerl auch nicht. Aufgegeilt steht er auf und schiebt meine Beine ein Stück weiter auseinander. Als seine warmen Hände meine Haut berühren, kann ich es nicht erwarten, von ihm durchgefickt zu werden. Es ist so verdammt einfach, einen notgeilen Bock um den Finger zu wickeln, ohne dass er bemerkt, wer die Fäden zieht.

Selbstgefällig drängt er sich zwischen meine Schenkel, als wäre es eine Selbstverständlichkeit. Für ihn bin ich eine weitere Sextrophäe, die er sich aneignen will, sodass er sich ungeduldig nach vorn beugt. Er stützt sich mit den Händen so auf dem Tisch ab, dass sie mich in der Mitte gefangen nehmen. Dann kommt er einen Schritt zu mir. Als er seinen harten Schwanz gegen meinen durchnässten Slip drückt, bewahre ich die Fassung und sehe ihn erwartungsvoll an. Von außen wirke ich stark, aber das Kribbeln in meinem Unterleib bringt mich fast um den Verstand.

»In dir steckt ja doch ein schlaues Mädchen«, sagt er.

»In mir steckt noch viel mehr«, sage ich und atme tief ein.

Ich nehme den Geruch von der Perversion, die ihn beherrscht, auf und beiße mir auf die Lippen. Gierig führt er seinen Mund zu meinem Ohr. Sein warmer Atem prickelt in mir wie ein heißer Champagnerregen im ganzen Körper.

»Da könntest du recht haben, denn gleich steckt mein geiler Schwanz in dir«, flüstert er und drückt seine Lippen auf meinen Hals, sodass ich mich weiter nach hinten fallen lasse. Seine Liebkosungen gefallen mir. Kurz stöhne ich auf und gebe ihm das, was sein Ego braucht. Er packt mein Gesäß und zieht mich ein Stück zu sich heran.

»Ja, mach mir den Boss, Baby«, keuche ich.

Aufgegeilt von meinem Körper, wandert er mit seiner rechten Hand unter mein Kleid, während die linke die Knöpfe oberhalb löst, um zu meinen gemachten Titten zu kommen. Als seine Finger mein verdorbenes Loch erreichen, schließe ich die Augen und begebe mich in das Sündenland, über das ich herrsche. Gekonnt führt er die Fingerspitzen unter den Stoff, der meine Muschi versteckt hält.

»Du Luder bist ja schon mehr als feucht«, sagt er und erfreut sich an der Nässe, die seine Fingerkuppen benetzen.

»Oh ja, und jetzt steck endlich deine Finger in mich rein«, befehle ich.

Das lässt er sich nicht zweimal sagen. Er krümmt Zeige- und Mittelfinger und dringt mit ihnen in meine hungrige Muschi ein, während er sie mit schnellen Bewegungen von innen massiert.

»Na, gefällt dir das, kleine Praktikantin?«

»Oh ja«, stöhne ich, während der Druck in mir immer stärker wird und ich das Gefühl habe, vom Tisch zu schweben.

Ich schreie laut auf, als seine Bewegungen derber werden und seine verdorbene Seele gänzlich von ihm Besitz ergreift. Dabei lutscht er an meinen freigelegten Knospen, während er mich wie ein König fingert. Als mich die Lust überkommt, zieht er seine Finger aus mir heraus und lässt von mir ab. Gierig sieht er mich an und leckt meinen Muschisaft von seinen Fingern.

»Du geile Schlampe!«, keucht er berauscht und seine Augen verdunkeln sich.

Er will mich ficken und zeigen, dass er der Chef ist, und zwar nicht irgendwann, sondern jetzt. Ungeduldig öffnet er die Knöpfe seiner Hose, während ich mir provokativ meine nackten Titten massiere und meine Beine soweit es geht für ihn spreize.

»Fick mich endlich, und zwar hart!«, befehle ich ihm im herrischen Ton und sehe ihm dabei zu, wie er sich seiner Kleidung entledigt.

»Das werde ich! Keine Sorge!«

Da ist es wieder, das geile Gerät, denke ich, als ich das Ausmaß seiner Männlichkeit von Nahem zu Gesicht bekomme. Sein harter Schwanz ist genauso schön, wie seine gesamte Hülle, und ich kann es kaum erwarten, mit ihm meine Muschi zu stopfen.

Meine Dominanz und mein Selbstbewusstsein erregen ihn so sehr, dass die Lust aus seiner Eichel tropft, als hätte er ein

Leck im Schwanz. Mit seinen fast schwarzen Augen visiert er mich an, während er seinen Pimmel wichst und sich einen Schritt auf mich zubewegt.

»Du böser Junge!«, sage ich und sehe ihn lüstern an.

Als er daraufhin meinem Slip auszieht, strecke ich ihm meinen Unterleib entgegen. Der Anblick meiner nackten Möse lässt seinen dicken Knüppel fast platzen. Ungeduldig schlinge ich meine Beine um sein Becken und ziehe ihn damit an mich heran, während er mein Unterhöschen zu Boden wirft. Ich will nicht mehr länger warten, sondern sofort seinen dicken Prügel in meiner nassen Öffnung spüren. Als die warme Penisspitze gegen meine Klitoris stößt, auf den Weg in mein Inneres, zucke ich kurz zusammen. Ich nehme sein Glied und streiche damit in der Mitte meiner Schamlippen entlang.

Oh mein Gott, wie gut sich das anfühlt!

Die Wärme, die von seiner feuchten Eichel ausgeht, bring mich zunehmend in Wallung, sodass ich den Schaft mehrmals für meine klitorale Ekstase benutze. Als sich mein Höhepunkt nähert, stecke ich den dicken Schwanz in mein nasses Loch. Bereits die ersten Stöße lassen mich explodieren, sodass ich meine Arme um ihn schlinge und meine Fingernägel stark in seine Schultern bohre. Strafe für schlechtes Verhalten muss sein. Doch ich kann es nicht lange aufrechterhalten, denn ich verliere mich in diesem unglaublich geilen Gefühl, für das ich gern all meine Werte vergesse. Sein dicker Schwanz füllt mein Inneres komplett aus, es ist unmöglich, leise zu sein.

Ich stöhne laut, aber das gefällt ihm gar nicht.

»Sei still!«, zischt er und packt meinen Hals. Dabei sieht er mir tief in Augen, während die Leere in seinem Blick von glühendem Verlangen nach mir abgelöst wird.

Unser Fick bringt den Schreibtisch zum Wackeln und fegt

die geschriebenen Worte von Nadja wie ein Sturm vom Tisch. Er stößt hart und schnell zu, während er mit mir zu einem Orkan der Lust verschmilzt.

»Oooh!«, stöhne ich, als mich ein Klopfen an der Tür aus meinem Hochgefühl reißt.

»Ich bin bei einer Besprechung«, schreit er so laut, dass es in den Ohren wehtut. Sein Schwanz ist trotz der Ruhestörung hart. Unbeeindruckt fickt er mich weiter.

Oh, ich stehe auf seinen Machtsinn. Dieser macht mich rasend scharf und bringt meine Muschi zum Spritzen. Als er mit seinem Prügel in dem See meiner Lust ertrinkt, gerät die Situation außer Kontrolle. Er stößt mich nach unten auf die Schreibtischplatte und legt meine Beine über seine Schultern, um tiefer in mich abzutauchen.

»Oh ja!«, schreie ich und fasse mir dabei gierig zwischen die Schenkel, um meine Klitoris gleichzeitig zu stimulieren.

Ich schließe die Augen und gebe mich der doppelten Penetration hin, während die Laute seiner Lust den Takt meiner Bewegungen vorgeben. Sein Stöhnen erfüllt den Raum mit einer unbändigen Begierde, die auf mich überschwappt.

»Lutsch dran!«, befiehlt er und steckt seinen Mittel- und Zeigefinger in meinen Mund. Er will, dass ich von ihnen koste. Doch statt mir die Möglichkeit zu geben, den Geschmack in mich aufzunehmen, raubt er mir die Luft zum Atmen, da er sie tief in mich reinschiebt. Dabei steigert er mit seinen Stößen den Druck in meinem Unterleib ins Unermessliche, sodass ich ein zweites Mal komme. Diesmal nicht leise, sondern laut. Sehr laut. Gefangen in der gewaltigen Explosion in meinem Körper, nehme ich nichts mehr um mich herum wahr. Erst als er mir eine Ohrfeige verpasst und mich zurückholt, kann ich die Situation wieder begreifen.

»Sei still!«, fordert er mich auf und packt grob mein Kinn.

Die Unterwürfigkeit der kleinen Praktikantin erregt ihn so sehr, dass er kurz vorm Platzen ist. Seine Atmung wird schneller und sein Stöhnen lauter.

»Ja, komm, du geiler Bock!«, stoße ich hervor und drücke meine Beckenmuskeln zusammen, während ich wieder lauthals aufschreie. Ich lasse mir nicht verbieten, laut zu sein, wenn meine Muschi am Explodieren ist.

Das ist zu viel für ihn. Er schließt die Augen und schießt die volle Ladung seines Egos in meine frisch durchgefickte Höhle.

Völlig aus der Puste lässt er von mir ab und zieht seinen Schwanz aus mir heraus. Er ist sichtlich zufrieden, als er sich die Hose wieder anzieht.

»Du kannst dann jetzt die Firma verlassen! Wir dulden hier keine aufsässigen Mitarbeiter und schon gar keine aufsässigen Praktikanten«, sagt er. Das Lächeln in seinem Gesicht spricht Bände.

Doch meine Belustigung über ihn ist größer. Ich muss laut lachen und sein verdutzter Gesichtsausdruck macht es für mich nur noch amüsanter.

Selbstsicher steige ich von der Tischplatte herunter und hebe meinen Slip auf. Aber anstatt das Büro, wie aufgefordert, zu verlassen, setze ich mich in seinen Chefsessel, während er die Hose zuknöpft.

Verwundert sieht er mich an, als ich meine Beine auf den Tisch lege und meine Arme verschränke.

»Lieber Herr Plott, Ihnen ist wahrscheinlich entgangen, wen Sie hier eigentlich vor sich haben. Ich bin Sirina Pitu, die Geschäftsführerin von Pitu, und Sie sind gefeuert!«, sage ich und werfe ihm meinen Slip zu, den er automatisch auffängt.

»Was? Soll das ein Scherz sein? Sie sind doch eine Praktikantin.«

»Ganz recht. Damit das Unternehmen nicht nur quantitativ,

sondern auch qualitativ erfolgreich weiter am Markt expandieren kann, habe ich mir erlaubt, mit meinem Mädchennamen in der Redaktion einen Schnupperkurs zu absolvieren. Das gab mir die Möglichkeit, unbeobachtet nach Fehlerquellen zu suchen. Und wie sich herausstellte, gibt es hier eine riesengroße Fehlerquelle, und das sind Sie.«

»Das können Sie nicht machen, ich bin die Redaktionsleitung!«

»Falsch! Sie waren es! Ich habe soeben Frau Glenn zur neuen Redaktionsleitung befördert. Bitte seien Sie so lieb und schicken Sie die Gute in ihr neues Büro, wenn Sie das Gebäude jetzt verlassen. Danke!« Ich nicke und verschränke die Finger hinter dem Kopf, während er mich fassungslos ansieht.

»Aber ich bin kein Unmensch. Meinen Slip können Sie als Andenken an unser heißes Abenteuer gern behalten.«

SchneeFlittchen

Bis vor Kurzen lebte ich noch bei meinen Eltern. Doch ich wollte weg von zu Hause, und es sollte bezahlbar sein. Nach einigen Besichtigungsterminen wurde ich fündig.

Obwohl meine Mutter mir davon abriet, wählte ich die WG von Jan und Joshua aus. Ich kam schon immer besser mit männlichen Artgenossen zurecht als mit Weibern. Aus diesem Grund war die Entscheidung nicht schwer. Mit bestem Gewissen zog ich in die Männer-WG, die mir viele lustige Momente bescherte.

Hier habe ich ein großes Zimmer für mich allein, ein Badezimmer mit Wanne, eine riesige Terrasse und zwei heiße Typen, um die mich etliche Frauen beneiden. Denn sie fressen mir aus der Hand und erfüllen mir jeden Wunsch.

Ich habe noch keinen einzigen Moment bereut, hier zu wohnen, im Gegenteil, ich fühle mich hier total wohl.

Seit dem ersten Tag an nennen Jan und Joshua mich Schneewittchen, weil ich schwarze lange Haare bis zum Po habe und meine Lippen immer rot wie Blut schminke. Es fiel mir nicht schwer, mich damit anzufreunden, da der Name für Schönheit steht, und ich es liebe, von den beiden so genannt zu werden.

Und ja, ich gebe es zu, ich würde jeden von ihnen gern mal bumsen. Denn sie sind absolut heiß, und es ist eine Qual für meine Muschi, ihre Schwänze so nah in meiner Nähe zu spüren und sie doch nicht anfassen zu können.

Etliche Nächte lag ich mit den Gedanken an die zwei im Bett und habe mich selbstbefriedigt, als gäbe es kein Morgen. Bisher überwog meine Angst, dass ich es kompliziert mache, wenn ich sie ficke. Darum habe ich es gelassen. Aber ich bin auch nur ein Mensch und kann meinem Trieb nicht länger widerstehen, sodass ich beschlossen habe, nicht mehr gegen das Verlangen anzukämpfen.

Heute ist unser einmonatiges Jubiläum und wenn es passiert, dann lasse ich es zu.

***

Ich gucke auf die Uhr und bin genervt. Es ist zwanzig Uhr, doch Jan und Joshua sind immer noch nicht zu Hause. Dabei haben sie mir versprochen, dass sie pünktlich sind und wir auf diesen besonderen Tag anstoßen. Dafür habe ich mich extra in Schale geworfen und bin mir sicher, dass ich richtig gewählt habe. Denn obwohl beide komplett unterschiedlich sind, gibt es eine Leidenschaft, die sie beide teilen, und das ist Latex.

Was wäre ich für ein Schneewittchen, wenn ich ihre Vorlieben nicht nutzen würde, sie um den Verstand zu bringen?

Meine Wahl ist perfekt. Zufrieden betrachte ich meine mit Latex bedeckten Kurven im Spiegel und drehe mich, um jeden Zentimeter unter die Lupe zu nehmen.

»Ja, das steht mir gut! Haare perfekt, Outfit perfekt. Wo

seid ihr nur, Jungs?«, sage ich und streiche mir über meine wohlgeformten Brüste, die vom Kleid gut nach oben gepusht werden.

Ungeduldig gehe ich in den Essbereich und setze mich auf einen der Barhocker an den Tresen ähnlichen Tisch. Die Uhr tickt, doch meine Gespielen lassen auf sich warten. Ich gieße mir ein Glas Sekt ein, als sich die Haustür öffnet.

»Mensch, seid ihr in Rom gewesen?!«, frage ich schnippisch und drehe mich zur Tür.

Als ich Jan erblicke, ist mein Ärger sofort verflogen. Er sieht so süß aus mit seiner schwarzen Mütze auf dem Kopf und seinen blauen Augen.

»Schneewittchen, bleib ruhig, wir haben dir was mitgebracht«, sagt er und kommt auf mich zu.

Irgendwie kann ich ihm nie böse sein. Er hat etwas an sich, das mich magnetisch anzieht. Obwohl er verschlossen ist, mag ich die Ruhe, die er ausstrahlt. Vielleicht ist es auch seine geheimnisvolle Art, die auf mich wie eine Droge wirkt. Ich mag ihn sehr.

In der Hand hält er eine Flasche Eierlikör und eine Packung Schokoladenbecher. Als er mich erblickt, wird er blass. Mit geöffnetem Mund sieht er mich an und bekommt kein Wort heraus. So hat er mich ja auch noch nie gesehen.

»Okay, Herzchen, ich verzeih dir«, sage ich und genieße seine Reaktion, die ich als Kompliment auffasse.

Selbstbewusst nehme ich ihm Eierlikör und Becher aus der Hand und lege alles auf den Tisch. Jan beobachtet mich dabei, als wäre ich eine Berühmtheit. Ich drehe meinen Kopf zu ihm und lächle ihn an.

»Alles gut bei dir?«, frage ich.

»Soll das ein Scherz sein? Wie siehst du überhaupt aus?«, fragt er und nimmt meine Hand.

Er zieht mich vom Barhocker, um mich im aufrechten Zustand zu betrachten. Seinem Gesichtsausdruck zufolge gefällt ihm, was er sieht.

»Hast du heute noch was vor?«, fragt er mich, seine Augen glühen.

»Wie kommst du denn darauf?«

»Lass mal überlegen. Du trägst schwarze Latexstiefel, die bis über die Knie gehen und ein enges Latexkleid. Träume ich gerade oder befinde ich mich im Porno?«

Ich packe ihn an beide Schultern und führe meinen Mund zu seinem Ohr.

»Weder noch. Die Realität ist viel, viel besser«, flüstere ich.

»Boah, Schneewittchen, du machst mich ganz irre mit deinem Verhalten.«

Ich schiebe sein Kinn nach oben, damit er mir in die Augen sieht, statt sich in meinem Outfit zu verlieren.

»Was hältst du von einem Spiel?«, frage ich.

»Spiel?«

Es prickelt ganz gewaltig, als Joshua durch die Wohnungstür kommt und unsere Unterhaltung unterbricht. Ich wende mich mit einem Augenzwinkern von Jan ab, um Joshua zu begrüßen. Dieser ist eher der Spaßvogel der WG, obwohl sein durchtrainierter Oberkörper und seine komplett tätowierten Arme einen ernsten und harten Eindruck erwecken.

»Alter! Schneewittchen!«, schreit er von der Tür aus, als er mich sieht. Er kommt auf mich zu und gibt mir einen Klaps auf den Hintern. Wie immer bringt er mich mit seiner kindlichen Art zum Lachen.

»Na, auch schon da?«, frage ich Joshua.

»Hätte ich gewusst, dass mich hier eine Erotikkönigin erwartet, wäre ich schon früher gekommen«, sagt er.

»Soso«, sage ich und beiße mir auf die Lippe.

»Haben wir heute noch etwas vor, du geile Schnitte? Du siehst ja mal richtig scharf aus«, bringt Joshua hervor.

»Schneewittchen hat mich gerade darüber aufgeklärt, dass wir ein Spiel spielen«, sagt Jan ernst.

»Ein Spiel?«, fragt Joshua und sieht mich grinsend und mit hochgezogener Augenbraue an.

»Und ob! Wir drei spielen jetzt ein Spiel«, sage ich.

»Oh Schneewittchen, ich kann es kaum erwarten, mit dir zu spielen«, witzelt er, während Jan sich wie immer ruhig verhält.

Nach außen hin will er verbergen, was in ihm kocht. Trotzdem kann ich in seinen Augen das Feuer brennen sehen. Auch wenn mir die Stille die Sicht nimmt, um zu erkennen, wohin die Flammen schlagen.

»Okay, Jungs, setzt euch an den Tisch. Hab ihn extra für euch fertig gedeckt. Wir spielen jetzt Wahrheit oder Pflicht.«

»Oh, wie langweilig! Ich dachte, es wird ein bisschen heißer«, raunt Joshua und stupst mich an.

»Sei still und gieß dir was zu trinken ein. Ich verspreche dir, das wird ganz und gar nicht öde«, sage ich, während sich beide setzen.

»Na, da bin ich ja mal gespannt!«, meint Joshua.

Ich ignoriere seinen spöttischen Kommentar und gieße Whiskey mit Cola in ihre Gläser. Die Colaflasche leere ich, sodass ich sie für unser Vorhaben nutzen kann. Optimistisch lege ich sie auf die Tischplatte.

»Los geht's!«, sage ich und drehe sie.

Gespannt verfolgen wir das Stück Plastik.

»Ich wette, sie bleibt bei mir stehen«, sagt Jan, doch er irrt sich.

»So kann man sich täuschen, mein Schatz! Wahrheit oder Pflicht?«, frage ich Joshua, während Jan lacht.

»Wahrheit! Jetzt bin ich aber mal gespannt«, sagt er und nimmt einen großen Schluck von seinem Getränk.

»Okay, Joshua, würdest du mich gern mal ficken?«, frage ich ihn.

Mit dieser Frage hat er nicht gerechnet. Erschrocken verschluckt er sich an seinem Whiskey und hustet. Jetzt hat auch Jan gefallen an dem Spiel gefunden.

»Na, Joshua, sag doch mal, würdest du gern mal unser Schneewittchen ficken«, fragt er ihn provozierend und klopft ihm auf den Rücken, während ich die Situation mehr als genieße.

Es dauert einen Augenblick, bis Joshua sich wieder fängt. Mit tränenden roten Augen antwortet er mit: »Ja!«, ohne mich anzusehen. Da ist er endlich, der dunkle Trieb, den ich in seinem kindlichen Wesen bisher vermisst habe.

Ich sage nichts, doch ich freue mich über seine Antwort.

»Dann werde ich mal die Flasche drehen und hoffen, dass auch Jan so eine intime Frage beantworten muss«, sagt Joshua, dreht die Plastikflasche. Er hat Glück.

»Ah. Mist! Na, dann nehme ich mal Pflicht«, sagt Jan.

»Ich möchte, dass du Schneewittchen küsst«, befiehlt Joshua und nimmt einen großen Schluck Alkohol.

»Okay, kein Problem.« Jan steht auf und sieht mich intensiv an.

Seine glühenden Augen und seine Selbstbeherrschung machen mich nervös. Er kommt einen Schritt auf mich zu, während ich auf dem Barhocker sitzen bleibe und alles auf mich zukommen lasse. Plötzlich schlägt mein Herz zunehmend schneller und ein merkwürdiges Kribbeln breitet sich in meinem Körper aus. Er schiebt seinen Finger unter mein Kinn, ohne seinen Blick von mir zu lösen, und beugt sich zu mir herunter.

Was passiert hier, frage ich mich, als er sich meinen Lippen nähert und ich sofort feucht zwischen den Beinen werde. Als seine Haut meine berührt, verfalle ich ihm. Nichts ist mehr interessant, abgesehen von dem Cola-Geschmack, den er mir weitergibt. Die Sünde, die tief in ihm schlummert, vermischt sich mit meinem Speichel, als unsere Zungen sich berühren. Er küsst besser als angenommen. Sogar so gut, dass ich gar nicht mehr aufhören möchte, von ihm zu kosten. Aus einem kurzen Kuss wird eine minutenlange Odyssee, die wir nicht kontrollieren können. Wir verlieren uns ineinander und eine tief verborgene Sehnsucht erwacht in mir zum Leben. Ich schlinge meine Arme um ihn und verschmelze vollständig mit der Sinnlichkeit, die uns umgibt. Die Art, wie er mich mit seiner Zärtlichkeit einhüllt, empfinde ich als extrem geil. Die Lust tränkt meinen Slip mit unaufhaltsamer Sünde, sodass ich, ohne meine Lippen von ihm zu lösen, aufstehe.

Es war nur eine kurze Aufgabe, die er erfüllen sollte. Doch sie lässt alles aus dem Ruder laufen. Ich kann mich nicht mehr beherrschen. Ich schiebe mein Becken gegen seinen Schoß und spüre, wie sich sein Schwanz in der Hose aufrichtet. Er ist so hart, dass ich vor Lust keuche, während er mit seinem prallen Stück Fleisch meine Muschi berührt. Nur der Stoff trennt uns noch davon, gänzlich miteinander zu verschmelzen.

»Leute, es reicht!«, ruft Joshua und reißt uns beide wieder auseinander.

Für einen kurzen Moment fällt es mir schwer, zur realisieren, wo ich bin. Die Situation hat mich komplett geflasht. Er hat es geschafft, dass ich alles um mich herum vergessen habe, und mein Herz schlägt laut, als ich ihm dabei zusehe, wie er sich wieder auf seinen Stuhl setzt.

Lüstern sieht er mir intensiv in die Augen und giert nach mir, so wie ich nach ihm. Was da gerade geschehen ist, wissen wir beide nicht. Doch es hat ein Feuer ausgelöst, das nicht mehr zu löschen ist.

Ich nehme einen großen Schluck von meinem Sekt, als Jan die Flasche dreht. Diesmal kommt sie wieder bei Joshua zum Stehen. Sofort sagt er: »Pflicht.«

»Ich möchte, dass du Schneewittchens Brüste massierst«, sagt Jan.

»Was?«, fragen Joshua und ich im Gleichklang.

Wie kann er mich nach diesem Erlebnis gleich weiterreichen, frage ich mich leicht enttäuscht.

»Massiere Schneewittchens Brüste!«

Joshua sieht mich fragend an, während ich mir die Frage stelle, was für ein Mensch Jan eigentlich ist.

»Darf ich?«, fragt Joshua.

»Du hast doch gehört, dass das deine Aufgabe ist«, sage ich und steige vom Barhocker. Ich gehe einen Schritt auf ihn zu, um ihm die Unsicherheit zu nehmen.

Im Gegensatz zu Jan ist Joshua zwar groß im Reden, aber vorsichtig in seinem Handeln. Er ist rücksichtsvoll und würde nie etwas tun, das ich ihm nicht gestatte. Ich greife nach seinen Händen und lege sie auf meine Titten.

»Trau dich ruhig«, sage ich und presse seine Hände zusammen, sodass sie sie meine Brüste umschließen. Zaghaft beginnt er mit der Massage, während Jan das Ganze beobachtet. Irgendwas in mir hofft, dass es ihn eifersüchtig macht. Doch darauf kann ich lange warten.

»Greif doller zu«, sagt er und sieht auf Joshuas Schoß. Er will also wissen, was die Berührung in ihm auslöst.

In Windeseile baut sich ein Zelt auf. Joshuas Schwanz sucht einen Weg in die Freiheit, um sich ordentlich zu entfalten.

Das erregt Jan, sodass sich seine Augen verfärben und seine Dunkelheit zum Vorschein kommt. Gierig sieht er uns beiden zu und hat Mühe, seinen Pimmel unter Kontrolle zu bekommen.

Jetzt wird mir klar, was ich getan habe und welche gefährliche Situation ich geschaffen habe. Beide können nicht mehr klar denken. Ihr Trieb beherrscht ihr Handeln und sie werden nicht eher Ruhe geben, bis ich ihnen dabei geholfen habe, den angestauten Druck loszuwerden. Diese Gewissheit löst ein unbehagliches Gefühl in mir aus, und doch erregt mich die Gefahr, die durch den Raum fliegt und sich immer weiter ausbreitet.

»So, Joshua, dreh die Flasche!«, fordere ich ihn auf und nehme seine Hände von mir.

Ich habe mich kaum hingesetzt, da zeigt die Flasche auf mich. Aufgegeilt wähle ich Wahrheit.

»Würdest du uns beide gern ficken?«, fragt Jan mich.

»Oh jaaaaaaa! Natürlich!«, sage ich und verschweige dabei, dass mein Favorit Jan ist.

Während Joshua nicht weiß, wie er mit der Situation umgehen soll, wirkt Jan abgeklärt. Sein gieriges Lächeln spricht die Wahrheit, die er versucht zu verbergen. Doch eins haben sie gemeinsam, sie sind völlig überreizt und gucken mich an.

Oh ja, ich sehe es genau. Am liebsten würden sie auf der Stelle über mich herfallen und sich von dem Druck in ihrer Hose befreien, aber sie trauen sich nicht. Ich bin gespannt, wie lange sie das weiterhin aushalten.

Ich drehe die Flasche, die in Jan's Richtung zum Stehen kommt. Jetzt werde ich aufs Ganze gehen und ihn dazu bringen, die Kontrolle zu verlieren.

»Ich möchte, dass du meinen Slip ausziehst, mit dem Mund!«

Jans Augen blitzen auf, als ich den Barhocker ein Stück vom Tisch wegschiebe und meine Beine spreize. Die Art, wie er nach meiner Muschi giert und meine schwarze Satinunterwäsche inspiziert, lässt das Blut durch meine Adern rauschen.

»Alter, was ist los?«, fragt Joshua mit geöffnetem Mund, als Jan aufsteht, um zu tun, was ich verlangt habe.

»Komm schon, Tiger, zeig mir, was du kannst«, locke ich ihn und nehme von Joshua keine Notiz.

Ich gebe zu, dass die Dunkelheit in Jan mich in diesem Moment mehr reizt. Mein Bedürfnis, mit ihm zu spielen, ist in diesem Augenblick stärker als jede Macht der Welt.

»Ja, Baby, hier bist du richtig. Leg los«, keuche ich und schiebe meine Schenkel weiter auseinander.

Gierig senkt Jan seinen Kopf und verschwindet zwischen meinen Beinen. Ich atme tief durch, als sein Atem meine Möse durch den dünnen Stoff kitzelt. Mit seinen Zähnen probiert er, das Höschen an der Seite zu greifen, doch es rutscht ab und er stößt sanft an meine Mitte. Dabei berührt er meine Klitoris leicht und atmet den Duft meiner Muschi ein.

Ich stöhne auf. Dieses Gefühl ist wohlig warm. Am liebsten würde ich ihn tief in meinen Schoß drücken.

Joshua wird inzwischen unruhig, und Farbe steigt in sein Gesicht. Er ist kurz davor, seinen Schwanz herauszuholen und ihn zu wichsen. Doch er traut sich anscheinend nicht. Angespannt rutscht er auf dem Barhocker hin und her, während Jan den zweiten Versuch startet. Diesmal gelingt es ihm. Seine Zähne fixieren den Stoff, und ich hebe mein Becken.

»Joshua, wenn du möchtest, darfst du an der anderen Seite vorliebnehmen«, sage ich.

Er schluckt kurz und macht sich dann auf den Weg. Seine Hände streichen sanft über die nackte Haut meines rechten Beines hoch zu meiner Möse. Anschließend packt er die rechte Seite der Unterwäsche und zieht sie im Gleichklang mit Jan herunter.

»Ihr seid ein gutes Team«, keuche ich, als mein Höschen zu Boden fällt.

Wie angewurzelt starren beide lüstern meine nackte Muschi an und bekommen kein Wort heraus. Das Blut in ihren Schwänzen hindert sie daran, weiterhin zu denken. Das eigentliche Spiel ist längst vergessen. Jan interessiert nur sein Verlangen. Er vergisst die Spielregeln und wandert mit seinem Finger meinen

Innenschenkel entlang. Sein Ziel ist mein nasses Loch, das mit jedem Millimeter, dem er mir näher kommt, feuchter wird.

»Na, na, na! Das verstößt gegen die Spielregeln«, sage ich und wehre seine Hand ab, während sich Joshua hinter mich hockt und die Situation beobachtet.

»Scheiß auf die Spielregeln, meine Eier platzen gleich«, keucht er und startet einen zweiten Versuch.

Wieder will ich es abwehren und das Spiel hinauszögern, doch diesmal hält Joshua meine Arme von hinten fest und unterstützt Jan. Das hätte ich ihm nicht zugetraut, aber der Trieb zeigt sein wahres Gesicht.

Während er mich gepackt hält, wandert Jans Hand zu meiner Möse, um sich das zu nehmen, wonach er giert. Unbeherrscht steckt er zwei Finger in mein nasses Loch und kitzelt mein Inneres mit schnellen Bewegungen.

Ich stöhne auf, kann nichts tun. Doch statt es mich abschreckt, erregt es mich.

»Schneewittchen, du geiles Luder!«, sagt Jan und zieht seine Finger aus mir heraus. Genüsslich leckt er sie ab und sieht mir dabei in die Augen.

Ich atme tief durch, der Druck in meinem Unterleib ist kaum zu ertragen. Ich will mehr. Er soll mich ficken. Hier und jetzt.

Jan öffnet seine Hose, um den fetten Knüppel endgültig aus der Jeans zu befreien. Er ist immer noch beherrscht. Nur seine Hände verraten, was er vorhat.

»Was hast du vor?«, fragt Joshua ihn ungeduldig, während Jan sich seiner Kleidung entledigt.

»Wonach sieht es denn aus, Dummerchen? Er will mich ficken, und zwar jetzt!«, sage ich und beiße mir grinsend auf die Lippen.

Als Jan aufsteht und mit seinem fetten Pimmel ein Schritt auf mich zukommt, vergräbt Joshua von hinten seine Nase seitlich an meinem Hals. Er will sich kontrollieren und dem Drang widerstehen, indem er wegguckt. Doch er scheitert, als er meinen Geruch einatmet. Ich lehne meinen Rücken an seinen Oberkörper und benutze ihn als Stuhllehne, während sein Atem meine Haut kitzelt.

Jan packt mich an den Hüften und zieht mich ein Stück nach vorn, um seinen Schwanz in meine Möse zu rammen. In dem Moment ist auch Joshua seinem Trieb ausgeliefert. Er kann nicht länger dagegen ankämpfen. Sein Oberkörper ist mein Halt, während seine Hände zu meinen Titten wandern und sie massieren. Er lässt sie von oben unter mein Kleid gleiten, um sie zu fühlen.

Ich bin eine Königin, die von vorn und hinten begehrt wird. Dann stößt Jan zu und bringt meine Muschi zum Auslaufen. Während er mich fickt, hält er sich am Barhocker fest.

Joshua löst derweil eine Hand von meiner Brust, um seine Hose zu öffnen. Doch mit der anderen bespielt er weiter meine Nippel. Er schenkt seinem Schwanz die Freiheit und beobachtet Jan dabei, wie er mich für seine Lust benutzt. Er weiß, wenn er meine Muschi jetzt nicht für sich einfordert, dann wird Jan nicht mehr von mir ablassen.

»Ich will auch mal«, fordert er also.

Doch Jan interessiert das nicht und fickt mich weiter.

»Hast du nicht gehört? Ich will sie jetzt ficken!«

Das erste Mal, dass ich Joshua bestimmend reden höre. Von dem kleinen Spaßvogel ist keine Spur mehr. Ich bin überrascht, was für eine versteckte Aggression in ihm schlummert. Er wirkt unbeherrscht und von seinen Emotionen überwältigt.

Widerwillig lässt Jan von mir ab und beweist sich als Joshuas Freund, mit dem er bereit ist zu teilen. Auch mich.

»Okay, Kumpel, wir tragen sie zur Couch«, schlägt er vor und greift mir unter die Beine, während Joshua mich unter den Armen packt.

»Ihr Tiere«, stöhne ich und gehe in der Rolle als Sexobjekt immer mehr auf.

Ungestüm legen mich beide mit den Rücken auf die Couch. In ihren Augen sehe ich, dass sie nur eines wollen. Sie wollen mich benutzen. Sofort steckt Jan seinen Pimmel in meinen Mund und raubt mir die Fähigkeit, klare Gedanken zu fassen.

Inzwischen krabbelt Joshua auf mich und macht mich komplett zu einer Sexsklavin. Etikette zählt für ihn nicht mehr. Er will abspritzen, und zwar in mich. Als er seinen Knüppel in meine Muschi steckt, stoße ich einen kurzen Schrei aus, den Jans Pimmel sofort wieder im Keim erstickt.

Joshuas Schwanz ist um einiges größer als alles, was ich bisher kannte. Er fühlt sich wie ein Pferdepimmel an. Jetzt weiß ich, warum er ihn vor mir versteckt hat. Das gewaltige Volumen löst einen süßen Schmerz in mir aus, während es meine Muschi ausdehnt. Ich gewöhne mich schnell an das Ausmaß, und es dauert nicht lange, bis es mich um meinen Verstand bringt.

Joshua genießt es, dass seine mächtige Größe meiner Möse gefällt. Mit jedem Stoß gewinnt er mehr Selbstbewusstsein für sein Handeln. Er packt meine Titten und massiert sie wild, sodass mein Körper die Kontrolle verliert. Mir wird heiß und der enorme Druck in meinem Unterleib bringt mich zum Beben. Der Höhepunkt ereilt mich wie ein Tornado, unerwartet und mit unvorhersehbarem Ausmaß.

Während ich zucke, als würden mich Stromschläge quälen, bin ich nicht in der Lage, den Schwanz von Jan weiter zu lutschen. Doch das ist ihm egal und Rücksicht kennt er nicht. Er übernimmt selber die Führung und packt meinen Kopf, um seinen Pimmel wieder und wieder zügig in meinen Rachen zu schieben.

Dadurch bekomme ich weniger Luft. Durch die erschwerte Atmung baut sich ein neuer gewaltiger Druck in mir auf und als Joshua mit seinen Stößen auch zunehmend schneller wird, komme ich ein zweites Mal. Diesmal mit so einer Heftigkeit, dass es mich selber erschreckt. Ich zittere am ganzen Leib, als meine Muschi eine schwallartige Squirtflüssigkeit ausscheidet und die Couch mit Sünde tränkt. Joshua ist außer sich und badet in der Lust, die ich ausgesondert habe. Er genießt es, in meinem Muschisaft zu ertrinken, und sein Stöhnen wird immer lauter.

»Sandwich! Jetzt sofort!«, fordert Jan und zieht gemeinsam mit Joshua seinen Schwanz aus mir heraus.

Fix und fertig drehe ich mich zur Seite, während Jan sich hinter mich legt und Joshua vor mich. Beide hüllen mich mit ihrer Nähe ein und wollen nun zum Abschluss bringen, was sie angefangen haben.

Zärtlich küsst Jan meine Schulter und führt seinen Penis dabei in mein dunkles Loch. Erst langsam und dann schneller.

Ich stöhne vor Schmerz, bis Joshuas Lippen mich zum Schweigen bringen und mich von der süßen Qual ablenken.

Genau wie Jan küsst er verdammt gut, sodass ich mich in seinem Kuss verliere. Gierig drückt er sein Becken in meinen Schoß und gleitet mit seiner Eichel zwischen meine Schamlippen. Ich genieße die Reibung seiner feuchten Kuppe, die mich auf seinen fetten Pimmel vorbereitet. Dann dringt er erneut in meine Muschi ein und fickt mich mit Jan im Gleichklang. Wo eben noch ein analer Schmerz war, ist jetzt nichts mehr, außer Lust.

Beide stöhnen und stopfen meine Löcher. Es ist ein Genuss, an den ich mich gewöhnen könnte. Sie ficken mich um den Verstand, während die Luft um mich immer schmutziger wird. Ich kralle mich an Joshua fest, der laut stöhnt und seine Augen schließt. Zuckend verliert er die Kontrolle über sich, während Jan meinen Kopf packt und seinen Mund auf meinen Hals drückt. In dem Moment feuert Joshua seinen Saft in mich hinein. Erschöpft lässt er von mir ab, sodass auch Jan seinen

Schwanz aus mir rauszieht, um das Liebesspiel zu beenden.

»Dreh dich um, Schneewittchen«, fordert er mich auf.

Mit meiner letzten Kraft tue ich, was er verlangt. Er stellt sich aufrecht hin, sodass sein Haudegen direkt über mir ist, während er ihn zum letzten Akt wichst.

»Mund auf!«, befiehlt er mir.

Jan stöhnt, als ich meinen Schlund öffne und sein Sperma mit der Zunge auffange. Ich schlucke die Flüssigkeit hinunter und nehme sie auf, wie Medizin für meine Seele. Ein Teil von ihm ist jetzt in mir, und das macht mich glücklich. Aber leider auch verletzlich. Ein Chaos von Gefühlen stürzt auf mich ein, und ich will nur noch weg.

Erschöpft stehe ich auf und grinse beide an, um mir nichts anmerken zu lassen. Meine Beine sind wacklig und meine Löcher fühlen sich wund an. Die Lust ist komplett verflogen und mein Zimmer ruft nach mir, damit ich darüber nachdenke, was passiert ist.

»Jungs, ihr seid wirklich ganz schön notgeil! Sorry, aber ich geh jetzt schlafen«, sage ich und verlasse leicht schwankend den Wohnbereich, ohne beide noch mal anzusehen.

***

Am nächsten Morgen wundere ich mich, warum niemand wie üblich Radau macht. Als ich ins Wohnzimmer gehe, ist keiner zu sehen.

»Wo sind die beiden? Schlafen die noch?«

Ich schleiche mich an Joshuas Zimmertür vorbei, die einen Spalt offensteht. Durch den Türspalt erkenne ich, dass er nicht da ist. Das ist gut, denn nach der gestrigen Nacht zieht es mich zu Jan.

Immer wieder geht mir unser erster Kuss durch den Kopf. Ich möchte bei ihm sein und habe den Drang, mich zu ihm zu legen.

Vorsichtig öffne ich seine Zimmertür. Doch was ich dort sehe, schockiert mich. Er ist nicht allein, bei ihm liegt eine unbekannte Frau. Beide liegen nackt im Bett, eng aneinandergekuschelt und schlafen fest.

Was soll der Scheiß, frage ich mich. *Hat er tatsächlich gleich nach mir noch eine andere gefickt?*

Eifersucht überflutet meinen Körper, als mich eine Hand an der Schulter packt. Ich drehe mich um und erblicke Joshua, bei dem der komplette Reiz mit unserem Sex verflogen ist. Auf einmal finde ich ihn nicht mehr attraktiv.

»Hey Schneewittchen, das gestern war echt klasse! Vielleicht kann ich dich ja mal zum Essen einladen. Ich habe schon lange Gefühle für dich, und nach gestern glaube ich, dass da irgendwie mehr zwischen uns ist. Darum habe ich diese Kleinigkeit für dich besorgt, um dir zu zeigen, wie sehr ich dich schätze«, sagt Joshua und hält mir einen Strauß mit roten Rosen entgegen, während ich nur noch heulen möchte.

Meine dunkle, harte SexVorliebe

Ich bin Alice, doch alle nennen mich »Ice«, weil ich kalt wie Eis sein kann. Aber die Geschichte dahinter kennt keiner.

Es gab mal eine Zeit in meinem Leben, da habe ich an die Liebe geglaubt. Ich glaubte daran, dass zwei Menschen sich bis zum Ende ihres Lebens lieben und sich treu sind. Kaum zu glauben, wie naiv ich war und wie viel Wärme ich im Herzen trug. Wenn ich an mein kindliches Wunschdenken zurückdenke, erfüllt es mich mit Traurigkeit. Denn ich hoffte auf etwas, das nicht existiert, und glaubte an einen Mann, der niemals echt war. Ja, es wäre wirklich schön gewesen, hätte er es ehrlich mit mir gemeint. Ich war bereit, alles für diesen einen Mann zu tun. Er war mein absoluter Traummann. Doch ein Traummann ist eben nur ein Traum und die Wahrheit sah anders aus.

In der Realität hat er mich nicht gewürdigt, sondern nur benutzt. Ich glaube, je mehr Tränen ich wegen ihm weinte, desto geiler wurde er auf mich. Mich zu verletzen, hatte er wirklich drauf und hat ihn in seinem Ego höher gepusht als jede Droge.

Doch mit der Zeit stumpft man ab und jedes Gefühl stirbt. Vielleicht ist das der Grund, weswegen ich Freude dabei empfinde, wenn ich anderen Menschen Schmerzen zufügen kann. Womöglich verarbeite ich mit ihnen seine Verletzungen mir gegenüber.

Aber es spielt auch keine Rolle mehr. Mein Herz ist abgestumpft, seit dem Moment als er es mir brach. Es gibt Menschen, die glauben, ich habe es durch einen Stein ersetzt. Und ja, wer weiß, vielleicht haben sie recht. Denn jede Woche suche ich nach einem neuen Opfer, das ich quälen kann. Leider habe ich seit Tagen niemand mehr kennengelernt, an dem ich meine Vorlieben ausleben kann, und auf Blümchensex habe ich keine Lust. Dieses einfache Rein-Raus langweilt mich tierisch, sodass es befriedigender ist, wenn ich es mir selber mache.

Ich bin geil und halte es nicht mehr aus. Mich darauf zu verlassen, dass ich heute jemanden mit nach Hause nehme, kann ich nicht. Meine Muschi schreit jetzt nach Emotionen und will, dass ich es ihr hart besorge, damit ich wieder klar denken kann. Ich liege auf dem Bett und sehe mich um.

Die Jalousien sind heruntergelassen und etwas Licht von der Straßenlaterne scheint durch die Ritzen, sodass ich die Umrisse meiner Möbel erkenne. Zwischen meinem Bett und dem Nachttisch steht ein Baseballschläger. Er ist groß und dick. Im Gegensatz zu vielen anderen Leuten, weiß ich, dass man ihn nicht nur zum Schutz, sondern auch super zur Befriedigung nutzen kann.

Aus der Nachttischschublade nehme ich eine Tube Gleitgel. Gierig öffne ich die Verpackung und schmiere die dicke

Front des Schlägers mit der glitschigen Masse ein. Ich bin so geil, dass ich es kaum erwarten kann, das fette Ding in mich aufzunehmen. Dafür winkle ich die Beine an und spreize sie weit mit den Fingerspitzen auseinander. Lustvoll streichle ich mit der Spitze des Baseballschlägers über meine Schamlippen und verteile mit ihr das Gleitgel auf meiner kompletten Muschi. Ich mache sie richtig nass. Wieder und wieder fahre ich mit dem Spielzeug hoch und runter. Dabei gebe ich mir die Streicheleinheiten, die ich genau in diesem Moment brauche. Es fühlt sich schön an, und ich genieße dieses Gefühl, das mir kein Schwanz der Welt bieten kann.

Ich bereite meine nasse Höhle sanft auf den Augenblick vor, der mich in eine andere Welt beamt. Oh, wie es liebe, mich selber zu berühren und in Ekstase zu bringen. Niemand weiß so gut wie ich, wie ich es tatsächlich brauche und wie abgründig meine Seele ist.

Ich führe den fetten Knüppel zu meinem Loch und presse ihn hart dagegen. Der Schläger passt aufgrund seiner Dicke nicht sofort. Mit den Fingerspitzen spreize ich den sündigen Eingang, um dem riesigen Teil Platz zu verschaffen. Es dauert einen Moment, bis mein Spielzeug reinpasst. Doch dann flutscht es. Stück für Stück dehne ich mein Loch. Dieses gewaltige Volumen bringt mich zum Schreien. Meine Bewegungen werden immer schneller und ich presse die Waffe so tief es geht in meine Möse hinein.

»Ohhh …«, stöhne ich laut und massiere mit der anderen Hand gleichzeitig meinen Kitzler.

Hitze steigt in mir auf und der Sündensaft kocht in meiner Muschi, wie Essen auf dem Herd. Ich kann diesem Druck nicht mehr länger standhalten. Eine riesige Explosion bahnt sich an und nimmt mir die Kraft, den Baseballschläger weiter zu bewegen. Er verschwindet in dem Meer meiner Sündenflut.

Ich schreie und schließe die Augen, als ich komme.

Während ich vor Lust zucke und die Beckenmuskeln sich automatisch in mir anspannen, ziehe ich den Schläger aus mir heraus. Schweiß tropft mir von der Stirn und ich fühle mich wie neugeboren. Jetzt bin ich bereit, auszugehen und nach Opfern für meinen Trieb Ausschau zu halten.

***

Ich sitze am Tresen im »Sky«, dem Nachtclub direkt neben meinem Wohnhaus. Jeden Abend bin ich hier und ertränke meinen Frust im Alkohol. Das hört sich jedoch trauriger an, als es wirklich ist. Ich habe Spaß dabei und lerne viele Leute kennen, die ich entweder beim Pokern abzocke oder hart durchficke.

Aus dem Reiz, meine dunkle Seite zu erforschen, ist eine richtige Sucht geworden, die sich nicht mehr stillen lässt. Ich brauche es exzessiv und eine ständige Steigerung, was den Sex betrifft. Alles andere langweilt mich.

Gespannt, was der Abend noch bringt, rühre ich mit dem Strohhalm in meinem Getränk und beobachte Ben. Er ist der Barkeeper vom »Sky« und ein richtiges Weichei in der Kiste. Ich kenne ihn in- und auswendig, denn er war mal meine Beute. Doch ich habe ihn kaputtgespielt und jetzt ist an ihm nichts Aufregendes mehr. Ich brauche einen neuen Reiz, etwas Frisches.

»Oh Mann, ich brauch Sex«, murmle ich.

»Wenn du Lust hast, komm ich nachher mit zu dir, dann massiere ich dich und du mich«, schlägt Ben vor.

Ich lache.

»Ben, ich sagte dir bereits, dass wir nicht auf einer Wellenlänge sind. Ich hasse Kuschelsex, das weißt du.«

»Dann probier es doch mal bei dem. Der sieht so aus, als könntest du ihn noch richtig versauen«, sagt er und zeigt zum Eingang.

Als ich zur Eingangstür blicke, ist mir klar, dass der Teufel mich erhört hat und auf meiner Seite ist. Ein großer, schmaler Mann mit Brille betritt den Club. Er erweckt einen unsicheren Eindruck. Fast so, als hätte er sich im Leben verloren. Es sieht so aus, als bräuchte er ein bisschen Gesellschaft.

»Du hast recht, den sehe ich mir mal genauer an.«

Mit einer Lockbewegung gebe ich ihm zu verstehen, dass sein Platz heute Nacht an meiner Seite ist. Er sieht mich an und wirkt überrascht. Aber egal. Wie zu erwarten war, beißt er an. Mit einem Lächeln kommt er auf mich zu und streckt mir seine Hand hin.

»Hallo, ich bin Matze«, sagt er und stolpert dabei so ungünstig, dass er mein Getränk umstößt, und es sich auf meinem Schoß verteilt.

»Na toll! Genau aus diesem Grund ist Händeschütteln unangebracht«, sage ich. Ich bleibe ganz ruhig, doch innerlich koche ich.

»Oh Mist, das tut mir so leid, ich weiß gar nicht, wie ich das wiedergutmachen soll!«, sagt er und tupft mit einer Serviette meinen Rock trocken.

»Es geht schon, danke.« Ich nehme seine Hand von meinem Schoß und bin genervt. Wie ich diese penetranten Typen hasse!

»Oh Mann, sicher?«

Ich ignoriere seine Frage und atme tief durch. Doch in Gedanken stelle ich mir schon seine Bestrafung vor.

»Mein Name ist Ice, schön dich kennenzulernen«, sage ich. Dann wende ich mich Ben zu. »Wir nehmen zwei Tequila und zwei Mixery.«

»Sei vorsichtig, Kleiner, die Frau hat es wirklich in sich«, warnt er Matze, als er ihm seine Drinks rüberschiebt.

Doch Matze glaubt, es sei ein Scherz und lacht. »Das haben alle Frauen«, sagt er und weiß nicht, wovon er redet.

»Kleiner? Solange er über achtzehn ist, ist er auch nicht

klein«, sage ich zu Ben und verdrehe die Augen. Dann widme ich mich wieder Matze. »Bist du doch, oder? Also volljährig?«

»Ja, ich bin dreiundzwanzig und du?«

»Fünfundzwanzig. Hast dich gut gehalten. Deine Haut ist so weich, dass man denken könnte, du hast in deinem Leben noch nie geraucht oder getrunken.«

»Das habe ich auch noch nie«, sagt er und sieht nachdenklich zum Boden.

»Wow, du bist wirklich etwas Besonderes!«, sage ich und kann kaum glauben, was ich da höre.

»Du auch!«

Wenn du wüsstest, wie sehr, denke ich boshaft.

»Also Matze, was verschlägt dich hierher?«

»Ich musste einfach mal raus. Ist mir alles zu viel geworden.«

»Das kenne ich sehr gut. Das Leben ist manchmal eine richtige Bitch. Wichtig ist, was wir daraus machen«, sage ich und lächle ihn an.

Kurz ist er irritiert, dann fängt er sich wieder und sagt: »Ja, das weiß ich auch nicht.«

»Wie, du weißt das nicht? Was läuft in deinem Leben schief?«

»Es sind die Verpflichtungen, die mich kaputtmachen. Ich habe das Gefühl, dass ich niemandem gerecht werden kann. Das macht mich wütend, aber auch gleichzeitig ängstlich.«

»Du solltest dir ein Ventil suchen, etwas, womit du deine Ängste, deine Scham oder Wut aus dem Körper leiten kannst.«

»Ein Ventil?«

»Ganz richtig. Wenn du möchtest, helfe ich dir dabei«, biete ich ihm an und streichle über seinen Oberschenkel.

Die Nervosität in ihm ist nicht zu übersehen, als meine Fingerspitzen hoch zu seinem Schritt gleiten und kurz vorher stoppen. Innerhalb weniger Sekunden steht sein kleiner Freund wie eine Eins und ist bereit, die Welt zu entdecken.

Gierig schaue ich ihn an. Jetzt fängt das Spiel an, Spaß zu machen. Die Jagd auf Matze hat begonnen. Er ist zu meiner Beute geworden, ohne es zu merken, und gleich falle ich über ihn her. Es gibt kein Entkommen.

»Klingt … klingt toll«, stottert er.

In diesem Moment ist er bereit, mir überallhin zu folgen. An seinem Verhalten merke ich, dass er nicht viel Erfahrung mit Frauen hat. Ihn zu brechen, wird nicht schwer.

»Aber ich muss dich warnen, es könnte zuerst sehr, sehr wehtun. Doch danach wird es deine Befreiung sein.«

»Oh, hört sich wirklich sehr brutal an.«

»Das ist es, aber Schmerz und Lust liegen nah beieinander. Und wenn du den Schmerz für all deine Sünden gefühlt hast, dann geht's dir danach wieder gut, weil du weißt, dass du sie gesühnt hast. Komm mit mir und ich zeige dir, was ich meine«, sage ich, stehe auf und strecke ihm meine Hand entgegen.

Matze zögert kurz, doch sein Schwanz hat bereits eingewilligt.

»Du solltest auf die Waffe in deiner Hose hören«, sage ich und deute auf die dicke Beule in seiner Jeans.

»Oh verdammt!«, erschreckt er sich und legt seine Hände schnell auf seinen Schoß.

»Komm schon, ich wohne direkt nebenan!« Ich strecke Matze die Hand hin und glühe innerlich, als er sie annimmt. Mit gemischten Gefühlen verlassen wir die Bar.

***

Der Himmel ist von Wolken bedeckt, die die Nacht noch düsterer erscheinen lassen, als meine Seele ist. Ich rieche Matzes Nervosität und tanze in seiner Angst.

»Ist alles okay?«, frage ich ihn, weil er kein Wort sagt.

»Ich habe das noch nie gemacht.«

»Kein Problem, ich werde dafür sorgen, dass du es nie vergisst! Hier wohne ich auch schon.«

»Wow, das sind nicht mal fünf Meter vom ›Sky‹ entfernt.«

»Sei froh!«, sage ich und schließe die Tür auf.

Bei dem Gedanken, den Burschen gleich an seine Grenzen zu bringen, wird mir anders. Die Lust läuft aus meiner nassen Öffnung heraus und sucht nach einem Gegenstand, der meine verruchte Höhle stoppt.

Matze folgt mir in meine Wohnung und ahnt noch nichts von meinem Foltersaal. Doch als ich das Licht anschalte und er die Bilder an der Wand sieht, wird er blass.

»Gefesselte Männer? Nett …«, sagt er.

»Ja, wehrlose Männer machen mich immer ganz feucht«, sage ich und lache laut auf.

»Tatsächlich?«

»Oh ja, willst du mal fühlen?« Ich nehme Matzes Hand und führe sie zwischen meine Beine, sodass seine Fingerspitzen den feuchten Stoff an meiner Muschi berühren. In dem Moment, als er meine Möse befühlt, errötet er und atmet schwer, als hätte er noch nie eine Frau berührt. So unbeholfen wirkt er.

»Na, gefällt dir das?«

»Ja«, flüstert er.

Ich löse seine Hand von mir. »Sehr schön! Folge mir ins Schlafzimmer.«

Er ist schüchtern und steht eine Minute später starr vor meinem Bett, als ich die Tür schließe.

»Bin ich so beängstigend?«, frage ich.

»Was, wieso?«

»Ich höre, wie dein Herz fast aus der Brust rausspringt«, sage ich und stelle mich direkt hinter ihn. Ich fasse an seine Schultern, küsse sie kurz zart und täusche eine Idylle vor, die mir nicht vorschwebt. Denn ich weiß, wenn er nicht locker wird, geht mein Vorhaben in die Hose.

»Ich bin selten in der Gegenwart einer so attraktiven Frau«, gibt er zu.

»Das wollte ich hören. Zieh dich aus! Ich will dich nackt sehen«, sage ich und laufe zu einer Kommode, um mein Folterwerkzeug zu holen.

Ich nehme eine Peitsche heraus und fühle erneut die Laute des Schmerzes, für das dieses Spielzeug bisher verantwortlich war. Oh ja, mit ihr habe ich das perfekte Ventil gefunden, um meinen kranken Geist zum Leben zu erwecken. Ich bin geübt und stark.

»Was machst du da? Ist das … ist das etwa eine … Peitsche?«, stottert Matze.

Als ich mich umdrehe, sehe ich, dass die Kleidung immer noch seinen Körper bedeckt. Das gefällt mir gar nicht.

»Hörst du nicht? Du sollst dich ausziehen!«, sage ich und ziehe die Peitsche drohend auseinander.

Mein bedrohlicher Ton zeigt Wirkung. Matze tut, was ich verlange. Er nimmt langsam seine Brille ab und legt sie auf meinen Nachtisch neben dem Bett. Dabei wendet er den Blick nicht von mir ab. Es gefällt mir, wie er mich ansieht. Er wirkt verloren, doch er vertraut mir genug, sein Leben in meine Hände zu geben.

»Guter Junge«, sage ich und lächle.

Als wäre er mein Sklave, der tut, was seine Herrin verlangt, zieht er sich sein Shirt über den Kopf und wirft es auf den Boden. Er ist unsicher, weil er nicht weiß, ob er mir gefällt. Denn er kennt meine Vorliebe für unterwürfige Männer nicht. Doch er ist genau das Appetithäppchen für meinen Gaumen, das mir einen Hochgenuss beschert. Sein nackter Oberkörper ist schmal, wirkt aber durch die leichte Körperbehaarung dennoch männlich. Matze ist hübsch anzusehen, trotz seines nerdigen Auftretens.

»Zieh die Hose aus! Ich will deinen Schwanz sehen«, fordere ich ihn auf und bin gespannt, wie er ausgestattet ist.

Langsam öffnet er seine Jeans und zieht sie herunter. Nur die Boxershorts bewahrt seinen Körper weiterhin vor der Schande, die ihn gleich erwartet.

»Weiter!«, knurre ich und schlage die Peitsche gegen den Bettpfosten.

Widerwillig zieht er die Shorts runter und bringt seinen nackten halbsteifen Pimmel zum Vorschein. Die Scham hindert ihn daran, sich gänzlich aufzurichten. Doch das wird sich gleich ändern.

Sinnlich kreise ich meine Hüfte in einer tanzenden Bewegung und führe meine Hände zu meinem Kopf. Ich löse meinen Pferdeschwanz verführerisch, sodass meine langen braunen Haare wild auf meine Schultern fallen. Mein Selbstbewusstsein durchflutet das Schlafzimmer und beeindruckt ihn.

Ich gehe einen Schritt auf ihn zu, bis ich direkt vor ihm stehe und verwandle mich in seine Herrin. Mit meinen Fingerspitzen streiche ich über seine Brust und um seine Brustwarzen, während ich ihm tief in die Augen sehe.

»Hab keine Angst, ich führe dich«, flüstere ich ihm ins Ohr und beiße ihm zart ins Ohrläppchen. Dabei drücke ich ihm mein Becken gegen den Schwanz und stöhne sinnlich. Sofort richtet sich das Instrument seiner Männlichkeit auf und lässt sich hart auf mein Spiel ein. Der Anfang ist gemacht. Ich streichle mit den Striemen der Peitsche sanft über seinen rechten Oberschenkel.

»Zieh mich aus!«, befehle ich ihm und verliere mich in seiner Nervosität.

Wie ein Jaguar verfolge ich jede seiner Bewegungen und wende meinen Blick nicht von ihm ab, sodass ich ihn im passenden Moment packen und mit der Lust, die in mir lauert, zerfleischen kann. Noch ist er unschuldig, doch nicht mehr lange.

Gespannt zieht Matze mir das Tanktop über den Kopf, sodass nur noch der BH meine Titten vor seinen gierigen Blicken versteckt.

»Jetzt der Rock«, weise ich ihn an.

Mir zu gehorchen, fällt ihm leicht. Unter meiner Führung taut er auf und wird zum Mann. Seine blauen Augen verfärben sich in dem Moment dunkel, als er mir den Rock von meiner Hüfte streift und ich mich in das perfekte Spielzeug für seinen Schwanz verwandle.

»Na, gefällt dir, was du siehst?«, frage ich ihn.

»Oh ja, sehr«, flüstert er und kann seinen Trieb nicht mehr kontrollieren.

Die Lust tropft aus seiner Eichel auf den Boden und gibt mir das Signal für den sadistischen Startschuss.

Ich packe sein Kinn und ziehe sein Gesicht zu mir. Jetzt gibt es kein Entkommen mehr. Einnehmend lecke ich über seine Lippen und deute einen Kuss an, der niemals kommen wird.

»Dreh dich um!«, befehle ich ihm.

Er tut, was ich sage, sodass ich Einsicht auf sein Hinterteil bekomme. Sein knackiger Arsch ist ein Genuss für meine Augen. Ich streichle ihm über die Pobacken und spreize sie auseinander. Sein dunkles Loch ist unbefleckt und noch von Schande befreit. Ich rotze in die jungfräuliche Öffnung und lasse langsam die Peitsche zwischen seinen Pobacken langstreifen. Während ich ihn für Berührungen am Po sensibilisiere, stöhnt er kurz auf.

»Bück dich nach vorn!«

»Was hast du vor?«, fragt er mich unsicher.

»Du sollst dich bücken!«, fordere ich ihn auf und drücke ihn aufs Bett.

Ohne noch einmal nachzufragen, stützt er sich auf dem Bett ab und streckt mir sein Hinterteil weiter entgegen.

»Na, wenn das mal kein schöner Anblick ist!«, sage ich.

Genüsslich hole ich zum Schlag aus und schlage ihm auf die rechte Pobacke. Nicht doll, sondern sanft, um ihn nicht zu erschrecken.

»Gefällt dir das?«

»Ja, irgendwie schon«, keucht er.

Schlagartig wird meine Muschi nass und befleckt das Höschen mit meinem körpereigenen Saft. Ihn so unterwürfig vor mir zu sehen, erregt mich sehr. Doch das reicht mir nicht. Ich will mehr. Ich will, dass die Striemen der Peitsche sich in seine Haut fressen und er noch tagelang an mich denkt.

Erneut hole ich zum Schlag aus, um das zu erreichen. Diesmal steckt mehr Feuer dahinter. Matze schreit kurz auf, doch das hält mich nicht davon ab, noch einmal zuzuschlagen. Wieder und wieder quäle ich ihn mit dem Spielzeug und nehme dabei an Schnelligkeit und Intensität zu.

Er schreit.

»Ja, gut so. Lass den Schmerz zu«, sage ich.

Ich höre auf, als sein geiler Arsch wund ist und an seiner Pobacke die ersten Spuren der Gewalt zu erkennen sind. Langsam streichle ich mit der Peitsche über die roten Stellen und lasse ihn durchatmen.

»Schmerz und Lust liegen nah beieinander. Eine Sache, die du unbedingt verinnerlichen solltest«, sage ich und entledige mich meines Höschens.

Noch in dem Augenblick, als er über meine Worte nachdenkt, schlage ich ein letztes Mal zu. Dabei lasse ich der aufgestauten Wut in mir freien Lauf und nehme all meine Kraft zusammen.

Wieder schreit er.

Ich atme tief ein. Es ist ein befreiendes Gefühl zu sehen, wie sich Blutergüsse auf seinem Arsch bilden, und zu hören, wie er vor Schmerzen nur noch wimmern kann.

»Oh ja, fühle es«, sage ich und drücke meine nasse Muschi an seinen Arsch, um ihm mit meinem Muschisaft Heilung zu verschaffen.

Ich spucke in meine Hand und wandere mit ihr nach vorn zu seinem Schwanz, der trotz des Schmerzes kerzengerade aufgerichtet ist. Er schreit nach meiner Berührung und kann es kaum erwarten, dass ich ihn von seinem Druck befreie. Während ich mein Becken an seinem Hinterteil reibe, wichse ich seinen harten Pimmel.

»Wer Schmerz erträgt, hat eine Belohnung verdient«, hauche ich und belohne ihn dafür, dass er so tapfer durchgehalten hat.

Das gefällt ihm sehr. Er stöhnt und atmet sekündlich schneller. Als er dem Höhepunkt entgegensteuert, halte ich inne. Mit dem Daumen streiche über seine Kuppe und verteile die Lusttropfen wie eine pflegende Creme. Der Zeitpunkt, um einen Schritt weiterzugehen, ist gekommen.

»Leg dich aufs Bett«, sage ich, während ich seinen Rücken küsse.

Matze keucht. Er krabbelt aufs Bett und tut, was ich verlange. Erregt legt er sich auf den Rücken und sieht mich an. Seine Wangen sind vor Lust errötet und sein Pimmel ist kurz vorm Platzen. Als ich ihn von oben bis unten mustere, kann ich mich nicht mehr beherrschen. Der Drang, ihn mir einzuverleiben, ist groß. Niemand kann mich jetzt noch aufhalten.

Ich krabble zwischen seine Beine, um endlich von seinem geilen Schwanz zu kosten. Die Neugier auf ihn wächst mit jedem Moment. Ich will wissen, wie er schmeckt und die Hilflosigkeit aus ihm heraussaugen. Lüstern lecke ich seine Hoden und arbeite mich zu seinem Stiel vor, den ich wie ein Eis genüsslich schlecke.

Matze schließt die Augen und genießt das Verwöhnprogramm.

Ich verschaffe ihm den Himmel auf Erden. Doch er weiß nicht, dass ich ihn gleich ins Universum katapultiere. Gierig stülpe ich meinen Mund über sein Fleisch und lutsche das prächtige Teil richtig nass. Ich lutsche und sauge ihn, während meine Zunge das gewaltige Teil bespielt. Sein lautes Stöhnen hallt durch den Raum. Er ist komplett außer sich und nicht mehr imstande zu handeln. Ich habe die Kontrolle über ihn und seine Gefühle.

Herrisch gebe ich ihm den Rest und nehme seinen Pimmel ganz tief in mir auf, bis er komplett in meiner Kehle verschwindet.

»Oooh Gott«, keucht Matze, als ich ihm das Gehirn aus seinem Schwanz sauge.

Während er vor Lust nicht mehr weiß, wo hinten und vorn ist, massiere ich seine Eier mit Hingabe. Oh ja, ich will ihn an seine Grenzen bringen. Seine Atmung wird immer schneller und ich weiß, der Moment aufzuhören, ist gekommen. Bevor er in meinen Schlund ejakulieren kann, packe ich seine Oberschenkel und bohre meine Fingernägel hart hinein, während ich von seinem Schwanz ablasse.

Diesmal schreit er nicht vor Lust, sondern vor Schmerz. Doch das ist mir egal. Denn ich habe Zeit gewonnen, um mein Spiel so zu Ende zu bringen, wie ich es will.

»Nicht aufhören«, fleht er mich an.

»Ich bin auch noch lange nicht fertig!«, fahre ich ihn an.

Ich nehme die Peitsche und schlage damit sanft auf seine prallen Hoden, die kurz vorm Platzen sind. Matze zuckt zusammen, und sein Schreck erregt mich so sehr, dass ich es noch zweimal wiederhole. Doch dann halte ich es nicht mehr aus. Ich will seinen fetten Knüppel endlich in meiner nassen Muschi spüren und von seinem Pimmel gestopft werden.

Gierig setze ich mich auf ihn und lasse seinen Schwanz in mich hineingleiten. Oh Gott, wie geil es ist, ausgefüllt zu sein. Zentimeter für Zentimeter nehme ich ihn in mir auf und stimuliere mit ihm meinen G-Punkt. Lusterfüllt reite ich ihn wie einen Hengst – meiner Ekstase entgegen. Dabei beobachte ich seinen lusterfüllten Gesichtsausdruck, der mich motiviert, meine Bewegungen im Tempo zu steigern. In meinem Unterleib baut sich ein enormer Druck auf, dem ich nicht mehr länger standhalten kann.

Laut stöhne ich und schreie meine Lust heraus. Wie eine Profireiterin mit ihrem Pferd galoppiere ich uns gemeinsam ins Finale. Dabei ficke ich ihn so hart, dass mein Muschisaft in Massen aus mir herausläuft und sein Schwanz flutscht, als wäre er geölt.

»Ich komme!«, schreie ich und spritze meinen Muschisaft mit jedem Stoß in alle Richtungen.

Ihm bleibt nichts anderes übrig, als in meiner Lust zu baden, während ich ihn damit einseife. Aufgegeilt schiebe ich meinen Unterleib wild nach vorn und hinten, während ich mir mit den Händen durchs Haar fahre.

Das gefällt ihm sehr. Matzes Wangen sind schon so intensiv rot gefärbt, dass er auch kurz vorm Explodieren ist. Er greift nach meinen prallen Titten und bespielt sie wie ein Hund, der nach Bällen jagt.

Unser Stöhnen hallt durchs Zimmer, während mein Unterleib so nass gespielt ist, dass sein Schwanz den Saft nicht mehr viel länger zurückhalten kann. Völlig außer mir packe ich mit beiden Händen seinen Hals, und während ich mein Becken auf und ab bewege, drücke ich ihm die Luft ab. In dem Augenblick, wo ich ihm den Sauerstoffhahn zudrehe, gerät er in einen Ausnahmezustand. Die Explosion in ihm steht kurz bevor. Ich spüre den Puls in meiner Hand, während seine Atmung schnell und flach ist.

Er stöhnt laut auf. Er hält dem Druck nicht weiter stand und spritzt seinen Saft in mich hinein.

Ich lasse von seinem Hals ab und steige von ihm herunter, als es an der Haustür klopft. Schnell werfe ich mir einen Kimono über und eile zur Tür. Dort gucke ich durch den Spion.

Es ist Ben. Aber was will er hier?

Überrascht öffne ich die Eingangstür einen Spalt und frage: »Was willst du, Ben? Du weißt, dass ich nicht allein bin.«

»Darum geht es. Du musst sofort den Jungen loswerden! Hörst du!«, keucht er und ist ziemlich aufgeregt.

»Was, wieso?«

»Die Polizei war gerade im ›Sky‹ und hat nach ihm gesucht.«

»Was? Aber wieso? Er sieht jetzt wirklich nicht wie ein Verbrecher aus.«

»Viel schlimmer! Er ist der Sohn vom Polizeichef und von zu Hause ausgerückt. Und er ist minderjährig! Er ist noch ein Kind, Ice!«

»Soll das ein Scherz sein?«

»Ich scherze nicht!«

Mir wird schlecht. Habe ich wirklich mit einem Minderjährigen Sex gehabt?

Ich lasse Ben an der Haustür stehen und laufe ins Schlafzimmer. Aufgebracht frage ich: »Matze, wie alt bist du wirklich! Du sagtest, du bist dreiundzwanzig. Das war doch die Wahrheit, oder?«

Langsam kommt sein Kopf vom Kissen hoch, er ist ganz rot.

»Na ja«, sagt Matze, »ehrlich gesagt, bin ich letzte Woche sechzehn geworden.«

DIE VERFICKTE HEXE!

Ich beschäftige mich nun schon seit einigen Monaten intensiv mit Hexerei. Der Ursprung dieser Leidenschaft liegt in einem alten Notizbuch, das ich auf dem Dachboden unseres neuen Hauses zwischen Gerümpel und Schrott gefunden habe.

Ich weiß nicht, wem es gehört hat, aber es muss eine mächtige Hexe gewesen sein. In ihrem Buch hat sie ihr ganzes Wissen festgehalten. Zuerst dachte ich, das sind nur wirre Fantasien, die auf dem Papier stehen. Doch dann habe ich einen Erfolgszauber ausprobiert, um eine völlig verpatzte Klausur auszubessern, und wie durch ein Wunder bekam ich eine sehr gute Note für eine Arbeit, bei der ich nicht gelernt hatte. Ob das an dem Buch lag oder an dem Glauben daran, weiß ich nicht. Jedoch bin ich mir sicher, dass auch Vorstellungskraft Berge versetzen kann.

Seitdem ist das Buch mein wichtigster Besitz und hat mir schon oft geholfen, mein Leben so zu gestalten, wie ich es für richtig halte. Inzwischen habe ich mir ein ganzes Arsenal von Kräutern und Heilsteinen angeeignet. Alles, was ich benötige, um meinen Lebensweg zu verbessern und meinen Glauben an die Magie zu stärken.

Mein neustes Ziel ist Chris. Er ist neu auf der High-School und echt heiß. Immer, wenn ich ihn ansehe, werde ich feucht zwischen den Beinen und bekomme das Verlangen, ihn zu ficken. Ich kann wirklich nichts dagegen tun, denn das Kino in meinem Kopf liefert mir Bilder, die meine Geilheit nur untermauern. Ununterbrochen denke ich an seinen Schwanz und rede mir ein, dass er gewaltig ist, und besser schmeckt als jede Delikatesse der Welt. Oh, wie gern würde ich von ihm kosten und mich von der Lanze zwischen seinen Beinen aufspießen lassen.

Doch leider gibt es ein Problem bei der ganzen Sache: Chris interessiert sich nicht mal annähernd für mich, sondern hat nur Augen für Ashley Morgan, die auf Teufel komm raus mit ihm flirtet. Am Anfang habe ich noch probiert, ihn mit anzüglicher Kleidung zu locken und ihn in Gespräche zu verwickeln. Aber keine Chance. Er steht einfach nicht auf mich. Doch das wird sich ändern, denn ich glaube daran, dass das Buch mir hilft, das zu bekommen, was ich möchte.

Seit einigen Stunden bin ich nun schon dabei, den perfekten Zauber für die Verführung von Chris zu finden. Ich denke, in diesem Fall sind sogar zwei angebracht. Einer, der Ashley ausschaltet und einer, der Chris von mir abhängig macht.

»Samantha?«, ruft mich meine Mutter und klopft an der Tür, während ich auf dem Bett liege und im Hexenbuch herumstöbere.

»Ja, Mom?«

»Darf ich reinkommen?«

»Nein!«, rufe ich und packe schnell das Buch zur Seite. Ich eile zur Tür und öffne sie nur einen Spalt, sodass sie das Notizbuch nicht sehen kann.

»Ich habe dich den ganzen Tag nicht gesehen. Geht's dir gut?«

»Ja, Mom, alles gut. Bin jetzt aber wirklich beschäftigt. Wir sehen uns zum Abendbrot, ja? Bis nachher«, sage ich und schließe die Tür.

Als ich mich umdrehe, ist wie durch Zauberhand eine andere Seite im Buch aufgeschlagen. Die magische Welt hat mit mir Kontakt aufgenommen, auch wenn das nur schwer zu begreifen ist.

»Verbotene Verführung! Wie man eine Rivalin ausschaltet und eine Zielperson an sich bindet«, lese ich die Überschrift.

»Das ist es! Oh danke, ihr großen Mächte!«, rufe ich und werfe mich aufs Bett. Schnell nehme ich das Buch, um nachzulesen, was ich benötige.

»Ich brauche eine schwarze Kerze, einen Bindfaden, ein Foto von mir und den beiden, einen energetisch aufgeladenen Stab. Der Zauber wird nur wirksam, wenn man ihn bei Vollmond ausführt. Moment mal, das ist heute!«

Nachdenklich blicke ich zu meinem Schreibtisch, auf dem eine Fotomappe liegt, die gestern mit der Post kam.

»Aber natürlich! Das Jahrbuch, das wir letzte Woche bekommen haben!«

Ich eile zum Tisch und hole das Buch aus der Verpackung, um nachzusehen, ob es brauchbar ist. Gespannt blättere ich in der Sammlung der Schüler, um die beiden zu finden.

»Bingo!«

Auf der zweiten Seite befindet sich ein Bild, auf dem beide Händchen haltend vor dem Schulgebäude stehen. Chris und Ashley sehen so vertraut auf dem Bild aus, dass mir schlecht wird, während ich die Rolle der einsamen Nymphe perfekt verkörpere. Doch das werde ich ändern. Ich nehme die Schere aus meinem Stiftständer und schneide ihre Köpfe aus der Seite heraus. Aus der Schreibtischschublade nehme ich eine Kerze und einen Bindfaden.

»Bald wirst du mir gehören«, sage ich und kann es kaum erwarten, Chris das erste Mal zu schmecken.

***

Um Punkt Mitternacht gehe ich, in einem Bademantel eingewickelt, auf den Balkon, der an mein Zimmer angrenzt. Ich liebe diesen Ort, da ich ihn selber hergerichtet habe. An manchen Sommertagen verbringe ich die ganze Nacht dort, während mich der Sternenhimmel zudeckt. Auch heute ist eine herrlich milde Sommernacht, sodass ich den Zauber hier gut ausführen kann.

Ich schalte die Lichterkette an, die am Geländer angebracht ist, und setze mich auf einen kleinen Sessel neben einem Tisch. Darauf habe ich alle Utensilien, die ich für den Zauber benötige, gelegt.

»Du wirst mich lieben …«, singe ich fröhlich, während ich, wie im Buch beschrieben, nach Anleitung vorgehe.

Zuversichtlich ritze ich mit der Schere die Initialen von Chris und mir in das Wachs. Dabei stelle ich fest, wie gut unsere beiden Anfangsbuchstaben miteinander harmonieren. Allein der

Gedanke an diesen heißen Kerl sendet Signale an meine Muschi. Die Zeit ist gekommen, mich von diesem Druck zu befreien.

Ich atme tief durch, als ich den Docht der Kerze entzünde und das Bild von Ashley in die Hand nehme. In der Flamme wirkt dieses Biest noch schöner. Doch ihre Schönheit ist mir ein Dorn im Auge. Ich hasse sie, denn sie nimmt mir die Chance, mit Chris glücklich zu werden. Ich greife nach der Schere, um ihren Kopf in kleine Schnipsel zu schneiden und in der Flamme zu verbrennen.

»Gefühle sind wankelmütig und deine sogar sehr – Chris noch zu mögen, fällt dir ab jetzt schwer!«, sage ich und sehe dabei zu, wie ihr Gesicht in den Flammen verbrennt.

Als nur ein Haufen Asche von ihr übrig ist, verwandelt sich mein Hass in Erleichterung. Jetzt gibt es nur noch ihn und mich. Ich nehme die ausgeschnittenen Bilder von mir und Chris, um den Zauber zu beenden. Ehrgeizig lege ich sie so aufeinander, dass unsere Gesichter sich treffen, und binde sie mit einem Faden zusammen. Anschließend wickle ich die Fotos mit einem weiteren Faden um den feuerfesten Zauberstab und halte ihn über die Flamme.

»Was zueinandergefunden, ist jetzt für immer miteinander verbunden!«

Während das Feuer unsere Bilder verschlingt, fühle ich mich mächtiger als je zuvor. Der Gedanke, dass wir bald zusammen sind, erregt mich so sehr, dass ich meine Beine spreize. Aufgegeilt streichle ich mit der Fingerspitze über die Spitze des Stabs, der den Flammen standhielt, während sich die Porträts von mir und Chris in der Feuersbrunst auflösten. Die Stabspitze ist warm, sodass mir die Idee kommt, sie zweckzuentfremden.

Oh, was bin ich nur für ein verdorbenes kleines Luder!

Ich führe den Zauberstab zwischen meine Schenkel und streife mit der warmen Spitze zart inmitten meiner Schamlippen von oben nach unten. Sofort bekomme ich das Verlangen, den Stab in mich einzuführen und ihn mit meinem Muschisaft magisch aufzuladen. Als ich ihn in meine nasse Muschi schiebe, stöhne ich auf. Er ist zwar nicht dick, aber dafür hart. Lüstern erkunde ich jeden Zentimeter von innen und stelle mir dabei vor, wie Chris die Aufgabe zukünftig übernimmt.

Oh, ist das geil, denke ich und massiere mit der freien Hand meine Klitoris.

Während ich mich befriedige, immer mehr Druck ausübe und den Zauberstab ihn mich rein- und rausschiebe, wende ich meinen Blick nicht von der Flamme ab. Dabei denke ich an Chris und nutze die Bilder in meinen Kopf für meine angestrebte Ekstase. Der Gedanke an ihn bringt mein Blut zum Kochen. Eine riesige Welle der Lust steigt in mir auf, als ich den Augenblick visualisiere, an dem wir uns küssen.

»Oh Chris«, keuche ich laut, während mir zunehmend wärmer wird und das Plätschern meiner Muschi in der Nacht ertönt.

Komplett aufgegeilt explodiere ich unter sternenklarem Himmel und zucke zusammen. Doch das reicht mir nicht. Ich will mehr, und dafür gebe ich alles. Ich spanne die Beckenmuskulatur an und halte die Luft an, während die Geräusche meiner Gier lauter werden. Jeder weitere Höhepunkt ist schwerer zu erreichen und benötigt vollen Körpereinsatz.

Ich schwitze so sehr, als würde ich einen Marathon laufen und masturbiere mich an meine Grenzen.

»Ahh …«, stöhne ich und höre auf, als die Flamme der Kerze erlischt.

Schweißgebadet und am Ende meiner Kräfte ziehe ich den Stab aus mir heraus und führe ihn zu meinem Mund, mit dem ich ihn von meinem Muschisaft befreie.

»Dieser sündige Saft schmeckt nach Sex mit dir, Chris«, sage ich und lege den Zauberstab auf den kleinen Tisch.

***

Als der Wecker meines Handys mich morgens aus dem Schlaf reißt, weiß ich nicht, wo hinten und vorn ist vor Müdigkeit. Ich ziehe mich an und mache mich auf den Weg zur High-School. Es regnet und ist kalt, als ich aufs Schulgelände laufe, auf dem sich nur wenige Schüler befinden. Als ich das Gebäude betrete, wartet Chris zu meiner Überraschung bereits an meinem Spind.

Mein Herz schlägt wie verrückt, als ich ihn von Weitem sehe. Er sieht mit seinem weißen Sportanzug heiß aus, und selbst aus der Ferne funkeln seine grünen Augen wie tausend Sterne in der Nacht. Doch heute wirken sie noch erregender auf mich, denn sein Blick gilt nur mir.

»Hey Samantha«, sagt er und zwinkert mir zu, als ich meinen Spind erreiche.

Aufgeregt deute ich ihm mit einer Handbewegung an, dass er einen Schritt zur Seite gehen soll, damit ich an meinen Schrank komme.

»Oh sorry«, sagt er und lehnt sich an den Nachbarspind.

»Kein Problem.«

»Wie geht's dir, Schönheit?«

»Schönheit? Danke gut, wie geht's dir?«, frage ich, als ich meine Schulbücher aus dem Spind hole.

»Sam, also ehrlich gesagt, würde es mir besser gehen, wenn du mir deine Nummer gibst.«

»Meine Nummer?«

»Ja, bitte gib sie mir, bevor ich an gebrochenem Herzen sterbe«, sagt er.

»Wow, das ist jetzt aber übertrieben, findest du nicht?«

Dass der Zauber besser wirkt als gedacht, merke ich in dem Moment, wo Ashley an uns vorbeigeht und ihn nicht mal eines Blickes würdigt.

»Ich denke, wenn es um dich geht, ist nichts übertrieben«, sagt er, macht einen Schmollmund und führt seine Hände zu einer betenden Geste zusammen.

»Wenn das so ist, finde sie doch heraus.« Selbstbewusst schlage ich den Spind zu und lasse ihn stehen, während ich mit den Büchern in der Hand verschwinde.

Ich schaffe es noch, ein paar Meter cool zu sein, doch nachdem ich in einen Flur abgebogen bin, kann ich mich nicht mehr beherrschen.

»Ahhhhhh, es hat geklappt! Die Welt gehört mir und Chris«, stoße ich vor Freude aus und lasse fast die Bücher fallen.

In dem Moment läutet die Schulklingel den Unterricht ein.

Ich atme tief ein und gehe in den Mathekurs. Dort setze ich mich in die letzte Reihe auf meinen Platz. Noch immer schmückt ein Lächeln mein Gesicht vor Freude, dass der Zauber funktioniert hat. Doch die Folgen sind selbst für mich nicht absehbar. Als der Lehrer eine neue Formel an die Tafel schreibt, kommt Chris in den Klassenraum und stört den Unterricht. Mit großen Augen sehe ich zur Tür.

»Mister Gerrit«, ruft Chris, »entschuldigen Sie bitte die Störung, aber es geht hier um Leben und Tod. Wenn Samantha mir nicht sofort ihre Telefonnummer gibt, dann könnte es echt böse für mich ausgehen!«

Mister Gerrit und meine Mitschüler gucken Chris und mich verwundert an, während ich ein Stück in meinen Stuhl nach unten rutsche und vor Scham erröte.

Oh Gott, wie peinlich, denke ich.

»Chris, das ist jetzt wirklich nicht der richtige Zeitpunkt für solche Wünsche! Du störst den Unterricht!«, sagt mein Lehrer.

Doch Chris gibt nicht auf. Er tritt in den Klassenraum und fasst sich an die Brust. Sein Kurs in der Theater-AG macht sich bezahlt. Er täuscht einen Herzinfarkt vor, schreit und sackt in sich zusammen.

Sofort rennt Mr Gerrit zu ihm und ist völlig überfordert mit der Situation, während meine Mitschüler untereinander tuscheln und das Schauspiel sichtlich genießen.

»Samantha, jetzt gib ihm schon die Nummer«, sagt meine Freundin, die einen Tisch weiter neben mir sitzt. Erwartungsvoll sieht sie mich an, so wie der Rest der Klasse, während Chris den sterbenden Schwan spielt.

»Samantha, Samantha, Samantha!«, rufen alle im Gleichklang und klatschen in die Hände, um mich zu befeuern, Chris diesen Gefallen zu tun.

»Das ist total verrückt!«, sage ich.

Überfordert schreibe ich meine Nummer auf ein Blatt Papier in meinem Block und reiße die Seite heraus, während alle jubeln. So viel Aufmerksamkeit hatte ich noch nie, und es soll so schnell wie möglich aufhören. Zügig stehe ich auf und laufe zu Chris, um den Zettel loszuwerden.

»Hier, jetzt kannst du deine Showeinlage beenden«, sage ich und werfe ihm das Stück Papier auf die Brust.

»Danke, Samantha«, sagt er und steht auf, so als ob nie etwas gewesen wäre.

Meine Mitschüler grölen, während ein paar applaudieren und Chris sich verneigt. Dann zwinkert er mir zu, imitiert ein Kussmund und verlässt das Klassenzimmer.

»Hab ich irgendwas verpasst? Ich will alles wissen!«, sagt meine Freundin, als ich mich wieder hinsetze.

»Erzähl ich dir später«, murmle ich, als es in meiner Hosentasche vibriert.

Ich hole mein Handy heraus und sehe, dass Chris mir geschrieben hat. Mein Herz schlägt so schnell, dass ich kurz davor bin, in Ohnmacht zu fallen. Das ist zu viel für mich. Obwohl alles nur Zauberei ist, sind die Schmetterlinge, die in meinem

Bauch umherfliegen, real. Nervös lese ich seine Nachricht, die meine Gefühle nur noch mehr verstärkt.

»Sorry, schöne Frau, aber ich habe die ganze Nacht von dir geträumt. Ich glaube, ich bin in deinem Bann.«

Wenn er wüsste, wie recht er hat, denke ich und schreibe zurück. »Das liegt daran, dass ich eine Hexe bin und dich verzaubert habe.«

»Du mich verzaubert? Hast du denn auch einen Zauberstab?«

»Ja. Aber du hast einen Größeren.« Als ich die Nachricht abschicke, schmunzle ich und hoffe, dass es stimmt.

»Da hast du recht. Ich habe einen Großen, sogar sehr Großen!«

»Klingt verlockend! Kannst du denn auch damit umgehen?«

»Finde es heraus. Komm jetzt in die Jungentoilette und wir gucken, ob es magisch wird, wenn ich ihn schwinge.«

»So einfach mach ich es dir nicht«, schreibe ich, obwohl mich seine Worte nicht kalt lassen und meine Muschi längst »Hurra« schreit.

»Sehr schade! Du weißt gar nicht, was du verpasst«, schreibt Chris und schickt mir ein Bild von seinem harten Schwanz, den er in seiner Hand hält. Aus seiner Eichel tropft die Lust.

Als ich das Foto erblicke, steigt Röte in mein Gesicht und die Geilheit durchfährt meinen Körper wie ein Blitz.

»Samantha, bitte komm doch nach vorn zur Tafel und löse die Aufgabe. Du scheinst gelangweilt zu sein«, sagt Mr Gerrit.

»Was?«

»Die Aufgabe, Samantha.«

»Oh ja, natürlich.« Schnell lege ich das Handy weg und laufe nach vorn zur Tafel. Doch als ich direkt davorstehe, kann ich mich nicht konzentrieren. Die ganze Zeit muss ich an das Bild von seinem Pimmel denken. Wieso kann ich nicht einfach zu ihm gehen, wann es mir passt?

»Samantha? Ist alles okay? Wir warten!«

Auf einmal ist mir alles zu viel. Die fragenden Blicke, die sich in meinen Rücken bohren, Mr Gerrit, der eine Lösung erwartet, und die Sehnsucht, mit Chris eins zu werden, prasseln auf mich ein. Für einen Moment höre ich auf meinen Verstand, doch die Lust, mit Chris zu ficken, schlägt ihn nieder.

»Sorry, aber ich muss ganz dringend weg«, sage ich und renne zurück zu meinem Platz. Ich packe schnell meine Schulbücher in den Rucksack, um das Klassenzimmer zu verlassen, während alle Augen auf mich gerichtet sind.

»Samantha, wo willst du hin?«, fragt mich Mr Gerrit und sieht mich mit gerunzelter Stirn an.

»Ähm, ich habe meine Periode bekommen, sorry«, sage ich und stürme aus dem Unterricht.

***

Leise betrete ich die Jungentoilette. Die Vorstellung, Chris' geilen Schwanz in natura zu sehen, macht mich ordentlich heiß.

»Chris, bist du hier? Ich hab's mir anders überlegt«, sage ich und blicke mich um. Aber ich sehe nichts, außer beschmierte Fliesen, einen Wasserhahn, der unentwegt tropft, und offene Klotüren. Er scheint nicht mehr hier zu sein. Neugierig blicke ich in eine Kabine nach der anderen, doch statt Chris finde ich ein zerknülltes Taschentuch auf dem Fußboden, das so aussieht, als ob es mit Sperma getränkt wurde.

»Kann das wirklich sein?«

Als ich es sehe, muss ich schmunzeln. Ich nehme es hoch und rieche dran. Es ist tatsächlich der Geruch von einer frischen Ejakulation.

»Er ist so geil auf mich, dass er sich auf der Schultoilette einen wichsen muss?«, frage ich mich und spüle es in der Toilette herunter, nachdem ich mir den Duft ein letztes Mal einverleibe.

Was für ein geiles Gefühl, einen Menschen so zu erregen. Mein Selbstbewusstsein strotzt nur so vor Überlegenheit.

»Hallo Samantha! Hat dir der Gedanke gefallen, dass das Taschentuch von mir ist?«

Ich erschrecke mich fast zu Tode, als ich seine Stimme höre.

»Chris? Ich dachte, du bist weg.«

»Das beantwortet nicht meine Frage. Hat dir der Gedanke gefallen, dass ich mir mit dem Gedanken an dich einen gewichst habe?«

»Ist möglich«, sage ich und lächle.

»Dann wird es dir sicher noch mehr gefallen, dass ich extra auf dich gewartet habe und den Lüstling, der sich hier amüsiert hat, vertrieben habe.«

»Was?«

»Du hörst richtig. Ich habe noch die volle Dosis in mir, sodass ich dich damit ausfüllen kann.«

»Wow, du bist direkt, das muss man dir lassen.«

Seine Worte, gepaart mit seinem Temperament, erregen mich. Er ist genauso penetrant, wenn er etwas will, wie ich.

»Ich habe gehofft, dass du dich noch umentscheidest«, sagt er und kommt einen Schritt auf mich zu. Auf diesen Moment habe ich schon lange gewartet, und jetzt wird mein lang ersehnter Traum endlich wahr. Seine Augen, seine Hände, sein Blick, alles an ihm fesselt mich, sodass ich mich frage, wer hier wen verzaubert hat.

»Hat dir eigentlich schon mal jemand gesagt, wie schön du bist?«, fragt er mich, als er direkt vor mir steht.

»N-nein …«, stottere ich.

»Du bist mit Abstand die schönste Frau, die ich jemals gesehen habe«, sagt er und bringt mich wie Butter zum Schmelzen.

Es fällt mir schwer, mich auf den Beinen zu halten, so weich kocht er mich mit seinem Charme. Doch ein liebes Wort macht Lust auf mehr. In meinem Kopf herrscht Alarmstufe rot und meine Sinne flehen nach Leidenschaft.

»Küss mich«, flüstere ich.

Chris blickt mich innig an. Es fliegt so viel Liebe durch die Luft, als er mir eine Haarsträhne aus dem Gesicht streicht und mir auf den Mund sieht, dass ich den Gedanken verdränge, dass dies nur an dem Zauber liegt.

Ich bilde mir ein, dass es real ist, als Chris mir mit dem Zeigefinger über die Lippen streicht und meine Konturen nachzeichnet. Gefangen in meinem Verlangen schließe ich die Augen und genieße die Nähe, die er mir schenkt. Gestern gab es ihn nur in meiner Fantasie, und heute ist er ein Teil von mir.

Als Chris sanft mein Kinn packt und meinen Mund zu sich zieht, kitzeln die Schmetterlinge in meinem Bauch meine Herzspitze und alles um mich herum verschwimmt. Ich bin im Himmel und nicht länger ungeküsst.

Liebevoll presst Chris seine Lippen auf meine und bringt mein inneres Chaos zum Stehen. Ich bin am Ziel meiner Träume angelangt, als unsere Zungen sich miteinander verbinden und er mich zum Waschbecken schiebt. Das größte Kompliment baut sich dabei in seiner Hose auf und verwandelt mich in das glücklichste Mädchen der Schule. Mit seinem harten Schwanz drückt er gegen meinen Unterleib und erzeugt eine Reibung, die mich rasend macht. Ich glühe vor Lust wie ein Kochtopf auf höchster Stufe und stöhne wollüstig dabei auf. Chris weiß genau, wie er meinen Körper zum Brennen bringt.

Sanft löst er sich aus unserem Kuss und liebkost meinen Hals. Sein warmer Atem kribbelt bis in meinen kleinen Zeh.

»Ich verzehre mich so sehr nach dir«, sagt er und fasst an meine rechte Brust. Lustvoll massiert er sie, während ich mein Becken weiter gegen seins drücke.

»Und ich mich nach dir«, hauche ich schwer atmend.

Oh ja, ich will dich auf der Stelle ficken, denke ich.

Fest entschlossen stütze ich mich mit den Händen rücklings auf dem Waschtisch ab und hole Schwung, um mich auf ihn draufzusetzen. Als ich auf der Waschtischplatte sitze, spreize ich meine Beine für Chris.

Sofort richtet er seinen Blick in mein heiliges Loch, das vorher durch mein Kleid versteckt war. Als er meine Möse begutachtet, die noch vom Stoff des Slips verdeckt ist, verdunkeln sich seine Augen.

»Oh ja, diese Muschi gehört ab sofort mir«, sagt er und zieht mir willig den Slip aus.

Die Freude in seinem Gesicht, während er mich von dem störenden Stoff befreit, ist nicht zu übersehen. Wie ein Junkie, der nach einer Dosis lechzt, führt er mein Höschen zu seiner Nase und riecht dran, während seine Hose fast aus allen Nähten platzt.

»Oh ja, du bist die Richtige«, sagt er und steckt mir den Slip in den Mund.

Was für ein kranker, doch gleichzeitig geiler Typ. Ich lehne mich ein Stück weiter nach hinten und öffne mein freigelegtes Loch für ihn, damit er sich dran zu schaffen machen kann. Zügig kommt er meinem Wunsch nach. Chris führt seine Finger in meine nasse Muschi und fingert mich gekonnt in eine andere Welt. Er ist in seiner Bewegung so flink, dass ich innerhalb weniger Sekunden so feucht bin, dass mein Lustsaft in seine Richtung spritzt. Dies macht ihn ordentlich geil, und er baut noch mehr Druck in mir auf.

Ich stöhne laut auf, bin nicht weiter imstande, ruhig zu bleiben. Schnell hält Chris mir den Mund zu und drückt den Slip tiefer in mich hinein, was mich komplett um den Verstand bringt.

Er ist stolz auf seine Leistung und grinst, als seine Finger in meiner Lustflut ertrinken. Zufrieden zieht er seine Finger aus mir heraus und gibt mir ein paar Sekunden, um durchzuatmen. Erotisiert setze ich mich aufrecht hin und warte auf die Fortsetzung unseres Abenteuers. Ich bin so geil, dass der Trieb mich in eine andere Person verwandelt und ich mich von dem Slip befreie. Herrisch schmeiße ich ihn zu Boden und fordere das ein, auf das ich nicht mehr bereit bin, zu verzichten.

»Fick mich!«, sage ich und ziehe ihn ungeduldig am Bund seiner Hose zu mir. Wie von einem Dämon besessen, reiße ich sie samt Boxershorts herunter und schenke seinem harten Schwanz Platz, um sich zu entfalten. Das Ausmaß seines Pimmels ist mit dem vom ihm geschickten Bild vorhin nicht zu vergleichen. Sein Bolzen ist ein Gigant und verdient eine Trophäe.

Gierig rotze ich in meine Handfläche und nehme seinen geilen Riemen. Ich wichse ihn ein paar Mal, während ich ihn mit der anderen Hand an seinem Shirt packe und Chris zu mir ziehe, um mir einen Kuss einzufordern. Nichts kann mich mehr stoppen.

Als seine Lippen meine berühren, lasse ich von seinem Schwanz ab und schlinge die Beine um sein Becken.

»Oh ja du gehörst mir, du Hengst!«, stoße ich aus und ziehe herrisch seinen Leib mit meinen Waden näher an mich heran, damit er endlich meine nasse Möse mit seinem Prügel ausfüllt.

»Du Luder!«

Komplett aufgegeilt stößt er seinen Knüppel in mein ausgehungertes Loch. Die Intensität dabei überflutet mich wie Hochwasser, das nicht mehr zu stoppen ist. Ich schlinge meine Arme um seinen Hals, während er sich am Waschtisch abstützt. Chris ist kein Mann der Blümchenschule. Er fickt mich mit voller Gewalt und so enorm, dass sich innerhalb weniger Sekunden erheblicher Druck in meinem Unterleib aufbaut, den ich nicht mehr halten kann. Ich spritze ab, während ich meine Fingernägel in seine Schultern kralle und meinen Kopf gegen seine Brust presse. Mein ganzer Körper ist in einem Ausnahmezustand und bebt.

»Oh Chris!«, stöhne ich.

Einen klaren Gedanken zu fassen, ist in diesem Augenblick nicht möglich. Ich funktioniere nur noch. Der Drang, ihn tiefer zu spüren, steigt ins Unermessliche, sodass ich ihn mit den Beinen weiter an mich presse. Als ich meine Beckenmuskeln zusammendrücke, kann er seinem Druck nicht mehr standhalten.

»Oh Samantha, ich liebe dich!«, platzt es aus ihm heraus, als sich sein Saft in meine Möse ergießt.

Während er außer Atem ist und in mir steckt, wird mir klar, dass alles eine Lüge ist und darum keinen Wert hat.

In dem Moment ertönt im Lautsprecher eine Durchsage: »Liebe Schüler, liebe Kollegen, in unserer Schule gab es einen tragischen Vorfall. Eine Schülerin wurde soeben bewusstlos in der Umkleidekabine gefunden. Leider deutet alles auf ein Verbrechen hin. Aus diesem Grund werden Zeugen gesucht, die etwas zur Schülerin Ashley Morgan aussagen können. Alle Schüler, die mit ihr Kontakt hatten, haben sich umgehend im Sekretariat zu melden. Dort befindet sich bereits die Polizei, um die Befragungen durchzuführen!«

»Was, Ashley?«, rufe ich und schiebe Chris von mir.

Sofort ziehe ich mir meinen Slip an, um die Toilette zu verlassen. In dem Moment, als ich gehen will, packt Chris mich grob am Arm.

»Wo willst du hin?«, fragt er mich in einem herrischen Ton. Von den netten Worten ist nichts mehr übrig.

»Ich muss gehen, Chris. Au, du tust mir weh!«

»Du gehst nirgendwo hin. Du gehörst mir! Du willst mich doch wohl nicht verlassen!«, giftet er und sieht mich erzürnt an.

In seinem Blick erkenne ich nichts als Dunkelheit, und plötzlich wird mir klar, dass ich einen Fehler gemacht habe.

Denn sobald man eine Person zur Liebe zwingt, erweckt man das abgrundtief Böse zum Leben.

ROMEO VÖGELT JULIA

Vor zwei Monaten lernte ich Romeo bei einem Maskenball meiner Eltern kennen. Ich war verkleidet als eine Prinzessin und er als Ritter. Sein Körperbau und seine sinnlichen Lippen fielen mir sofort auf, aber seine blauen Augen zogen mich letztendlich in seinen Bann. Er forderte mich zum Tanzen auf und ich war ihm mit Haut und Haaren verfallen. Heimlich machten wir uns aus dem Staub und verschwanden zusammen in der Nacht. Es war traumhaft schön. Wir spazierten Hand in Hand am Meer unter dem Sternenhimmel entlang und philosophierten über unsere Träume, während sich die Wellen am Strandfelsen brachen. Beleuchtet vom Mondlicht schlossen wir einen Pakt, der beinhaltete, dass wir uns am nächsten Tag wiedersehen würden. Diesen besiegelten wir mit unserem ersten Kuss. Wir verbrachten die ganze Nacht zusammen und fühlten uns lebendiger als jemals zuvor.

In den frühen Morgenstunden machte ich mich auf den Weg nach Hause. Dort war große Aufregung, und keiner von meiner Familie hatte in den Schlaf gefunden. Sie berichteten mir, dass sich unsere größten Feinde unter die Partygäste gemischt hatten und es eine Schießerei gegeben hätte, in die mein Bruder John verwickelt gewesen war. Schwer verletzt wurde dieser im Krankenhaus operiert und alle hatten um sein Leben gebangt. Für alle stand fest, dass er, unabhängig davon, ob er überlebte, gerächt werden würde.

Aufgelöst traf ich mich am nächsten Nachmittag mit Romeo und erzählte ihm von diesem Vorfall. Das war der Augenblick, in dem sich mein Leben für immer änderte. Er gestand mir, dass er zu dem verfeindeten Clan gehört, und gab mir die freie Entscheidung, zu gehen oder zu bleiben. Zuerst war ich geschockt, doch dann ließ ich mein Herz entscheiden, und das wählte ihn. Seit diesem Moment sind wir unzertrennlich. Ich weiß, wir gehören zusammen und unsere Liebe ist stärker als jede Kraft der Welt. Romeo hat mich in jedem Bereich meines Lebens entjungfert und mir neuen Lebensmut eingehaucht.

***

»Oh bitte geh nicht!«, sage ich zu Romeo und forme meine Lippen zu einem Schmollmund.

Die gemeinsame Nacht am Meer war ordentlich heiß, aber viel zu schnell vorbei. Es ist früh am Morgen, und die Sonne geht gleich auf.

»Julia, du weißt, dass wir nicht zusammen sein dürfen. Gleich werden die ersten Menschen hier spazieren gehen. Wenn uns einer sieht, könnte das tödlich für uns enden«, sagt Romeo.

»Ich weiß. Trotzdem haben wir noch ein paar Minuten, bis es hell wird, und die Wahrheit ist, dass ich schon wieder Lust auf deinen geilen Schwanz habe«, sage ich und fasse ihm in den Schritt, während ich seinen Nacken küsse.

Oh Mann, wie ich diesen Mann begehre! Er ist wie eine Droge, und ich will immer mehr.

»Du kleines unersättliches Luder hast wohl nie genug?«, fragt er und greift in mein Haar. Dann zieht er mein Kopf sanft zurück, um tief in meine Augen zu blicken, während ich die Beule zwischen seinen Schenkeln massiere.

»Von dir niemals! Wenn ich könnte, wie ich wollte, würde ich ununterbrochen an dir rumspielen. Du bist einfach der heißeste Mensch, den die Welt je gesehen hat.«

Als Romeos Schwanz erneut hart wird, gleite ich mit der Hand in seine Hose. Er ist so warm und so hart. Ein letztes Mal will ich mein liebstes Spielzeug berühren und die Lust von seinem Kronjuwel wischen. Dabei schaue ich ihn gierig an und beobachte seine Augen, wie sie sich dunkel färben. Sanft streichle ich über das dicke Fleisch und fange mit dem Daumen die Lusttropfen von der Eichel auf, um davon zu kosten.

»So, jetzt habe ich deine Gefühle für mich eingefangen«, sage ich und ziehe meine Hand aus seiner Hose. Als ich mir die sündige Feuchtigkeit vom Finger lecke, sieht er mich gierig an.

»Sehr gut, Prinzessin! Heute Abend bringe ich dir ein ganzes Fass mit Gefühlen zum Schlucken mit.«

»Ich kann's kaum erwarten, Liebster. Und nun geh, auch wenn es mir das Herz bricht«, sage ich und lächle ihn an.

Romeo nähert sich meinem Gesicht und ergreift es mit beiden Händen. Liebevoll drückt er ein letztes Mal seine Lippen wohlwollend auf meine und versorgt mich mit einer Dosis Passion, während die Sonne aufgeht.

Ich liebe den Geschmack der Leidenschaft auf meinem Mund, den nur er mir geben kann. Romeos Küsse schmecken so verführerisch, dass sie zu einem Suchtmittel für meinen Körper geworden sind. Ich wünschte, wir müssten uns nie wieder voneinander verabschieden. Jeder Abschied von ihm ist kaum zu ertragen. Doch ich weiß, wir haben keine Wahl. Obwohl meine Seele etwas anderes will, lasse ich seine Hände schweren Herzens los.

»Bis heute Abend, Liebster«, sage ich und schaue ihm schweren Herzens dabei zu, wie er sich von mir entfernt, während meine Muschi vor Sehnsucht weint.

So kann es nicht mehr weitergehen. Dieser dumme Streit zwischen unseren Familien ist unerträglich. Wo soll das nur enden?

***

Den ganzen Tag habe ich nur eins im Kopf: meinen Romeo. Ich habe eine Entscheidung getroffen. Ich möchte mit ihm fliehen. Es ist egal, wohin, Hauptsache, wir sind zusammen. Optimistisch schaue ich aus dem Fenster und kann es kaum erwarten, ihn wiederzusehen und von meiner Idee zu berichten.

Die Zeit bis dahin vergeht nur schleppend. Obwohl heute ein herrlicher Sommertag ist, scheint die Sonne in dieser düsteren Phase, die von Hass und Gewalt geprägt ist, nur trügerisch. Trotzdem ist mein Herz voller Vorfreude, in ein paar Stunden werde ich den Mann meines Lebens wiedersehen und mit ihm meine Liebe besiegeln.

Ich laufe zum Kleiderschrank und hole mir ein rotes Sommerkleid heraus. Denn ich weiß, Rot ist seine Lieblingsfarbe. Gut gelaunt schlüpfe ich in dieses wunderschöne Kleid und nehme aus meiner Nachttischkommode eine schwarze dazu passende Perlenkette aus der Schublade, die neben einem Revolver liegt. Diesen hat mir Romeo gegeben, und ich bewahre ihn dort für eine Notsituation auf.

»Hüte ihn mit Mut«, hatte er gesagt.

Als die Sonne untergeht, ist es endlich so weit. Ich laufe ungeduldig aus meinem Zimmer, um mich mit Romeo zu treffen, der längst an unserem Liebesort auf mich wartet. Aufgeregt renne ich die Treppe hinunter und eile zur Haustür. Doch ehe ich das Haus verlassen kann, werde ich von meinem Bruder John gestoppt, der aus dem Wohnzimmer kommt.

»Wo willst du hin?«, fragt er mich mit einem Weinglas in der Hand.

»Ich bin verabredet«, sage ich ungeduldig.

»Und mit wem?«

»Einer Freundin«, lüge ich und werde nervös.

John mustert mich von oben bis unten. Ich habe nicht das Gefühl, dass er mir glaubt. Doch ich sage nichts, damit er keinen Verdacht schöpft.

»Erzähl mir von deiner Freundin. Wie ist sie so? Du hast dich ja so schick gemacht. Gibt es einen besonderen Anlass?«, fragt er und reicht mir das Weinglas.

Sofort wird mir warm und ich erröte. Im Lügen war ich nie

gut. *Ob er etwas weiß oder ahnt,* frage ich mich und trinke den Wein vor Nervosität in einem Zug komplett aus.

John wendet den Blick nicht von mir ab, während er auf eine Antwort wartet. Die Mimik in seinem Gesicht ist beängstigend und setzt mich unter Druck.

»Da gibt es nichts zu erzählen«, sage ich und kann ihm nicht in die Augen sehen. Die Luft im Flur wird dünner, ich kann den Verrat auf meiner Zunge schmecken.

»Mir wurde erzählt, dass du dich heimlich mit unserem Feind vergnügst! Ist das wahr?«

»Was? Ich weiß nicht, was du meinst!«, lüge ich und bin außer mir.

Wer hat uns gesehen oder verraten? Wie konnte das nur auffliegen? Panik durchströmt meinen Körper.

»Julia, lüg mich nicht an!«, schreit John und packt meinen Arm.

»Sag mal, spinnst du? Fass mich nicht an!«, rufe ich und will mich aus seinem Griff lösen.

Das gefällt John gar nicht. Mit seiner flachen Hand schlägt er mir ins Gesicht.

»Deine Liebelei hat heute so oder so ein Ende. Hast du das verstanden?«

»Was soll das bedeuten?«, frage ich und halte mir die Wange, die wie Feuer brennt.

»Heute ist der Tag der Rache. Heute werden diese Bastarde dafür büßen, was sie unserer Familie angetan haben.«

Sofort schlägt mein Herz im Eiltempo. Ich bin außer mir vor Sorge. Ich weiß, wie weit meine Brüder gehen und dass sie vor dem Tod nicht zurückschrecken.

»Romeo, ich muss zu ihm!«, schreie ich und lasse das Glas fallen, als mir plötzlich schwummrig wird und ich langsam das Bewusstsein verliere.

»Daraus wird wohl nichts«, sagt John und lacht.

»Was hast du mir ins Getränk getan?«, frage ich, während ich merke, dass meine Glieder zunehmend schwerer werden und ich mich kaum auf den Beinen halten kann.

»Ein Schlafmittel. Du wirst jetzt tief und fest schlafen, Schwesterherz, während wir uns um deinen Auserwählten und seine Familie kümmern. Hast du wirklich geglaubt, dass ich zulasse, dass meine kleine Schwester mit dem Feind vögelt?«

Ich höre, was er sagt. Aber ich kann nicht mehr reagieren. Alles in mir kämpft gegen das Schlafmittel an. Ich will schreien, doch ich kann nicht.

John greift mir unter die Arme und verschafft mir Halt, als ich das Bewusstsein verliere und alles um mich herum Schwarz wird.

***

Als ich wieder zu mir komme, liege ich auf meinem durchgelegenen Bett. Meine Glieder schlafen noch und meine Augen lassen sich nicht öffnen. Ich bin wach, aber handlungsunfähig, wie gelähmt. Erschrocken bemerke ich, dass ich mit angewinkelten, gespreizten Beinen, ohne Unterwäsche daliege, und ein warmes wohliges Gefühl meinen Unterleib beflügelt.

Was geht hier vor, frage ich mich und spüre einen riesigen Druck zwischen den Beinen.

Irgendjemand macht sich an mir zu schaffen und leckt mich wach. Ich sehe nicht, wer der Übeltäter ist. Es ist mir unangenehm und ich will sagen: »Nein, hör auf!«, doch ich kann nicht. Das Schlafmittel wirkt noch. Völlig wehrlos liege ich auf dem Bett und bin einer Person ausgeliefert, die in keiner Weise daran denkt, von mir abzulassen. Das Einzige, was ich kann, ist zu fühlen, was da vor sich geht.

Während mein Kopf sich mit dem Geschehen nicht anfreunden will, reagiert meine Muschi gegen meinen Willen auf die ungewollte Penetration. Ich werde feucht zwischen den

Beinen. So sehr, dass meine nasse Höhle bereit ist für einen dicken Schwanz. Oh, wie diese Schande in mir prickelt und ich mich dafür hasse, dass ich es nicht ändern kann.

Eine warme Zunge schiebt sich inmitten meiner Schamlippen entlang und schleckt den Spalt dazwischen genüsslich aus wie einen Joghurtbecher, in dem man nichts drin lassen möchte.

Gott gütiger, denke ich und verliere fast den Verstand.

Derjenige, der sich an mir vergeht, denkt gar nicht daran, aufzuhören, und führt seinen Weg mit der rauen Zunge unweigerlich fort. Ungestüm wandert diese in meiner Ritze hoch und wieder runter, im ständigen Kreislauf. Dabei bleibt sie mittig, bis sie bei der Klitoris anhält.

Oh, nein. Ich halte das nicht mehr länger aus!

Lüstern umkreist die Zungenspitze meine Lusterbse und bringt meinen Unterleib zum Kochen. Mir wird heiß, und der Drang, das Becken zu bewegen, nimmt zu. Doch zum Glück kann ich es nicht. Ich fühle mich schlecht, dass es sich so gut anfühlt. Denn was ist, wenn es nicht Romeo ist, und ich für einen anderen Mann solche sexuellen Gefühle entwickle? Und dann in einer für ihn so bedrohlichen Situation? Das würde ich mir nie verzeihen. Ein furchtbares Chaos entsteht in meinem Kopf, der mit jeder weiteren Sekunde die Fähigkeit zum Denken verliert.

Die Bewegungen der leckenden Zunge werden immer heftiger und üben mehr Druck aus. Ich fühle mich wie eine Mahlzeit, die ein Hund in seinen Napf leer schleckt. Während ich das Gefühl habe, zwischen den Beinen an meiner eigenen Feuchtigkeit zu ertrinken, wandert die Zungenspitze in mein triefendes sündiges Loch. Erst nur ein Stück, doch dann drückt die Person sie mit voller Leidenschaft in meine Öffnung hinein. Mit schnellen Bewegungen verwöhnt die Zunge mein Inneres und nimmt den Saft von mir mit auf.

In diesem Moment erlange ich wieder Kontrolle zurück. Ich stöhne ganz automatisch auf und hebe mein Becken an, während meine Hand zu dem Kopf zwischen meinen Beinen wandert, um ihn von mir zu schieben. Als ich die Haare erfühle, drehe ich durch vor Freude. Es ist mein Prinz!

»Die Prinzessin ist endlich aus ihrem Schönheitsschlaf erwacht«, sagt er und hält kurz inne mit seinen Berührungen.

Das gefällt mir gar nicht. Denn jetzt ist mein Trieb gänzlich zum Leben erwacht und ich bin in der Lage, mich fallen zu lassen und seine Liebkosungen zu genießen. Ich bin jetzt richtig geil und will mehr von ihm.

»Romeo! Oh Romeo«, keuche ich und drücke seinen Kopf tiefer zwischen meine Schenkel, während ich mich im Raum umsehe und versichere, dass wir in meinem Zimmer sind.

»Oh ja, leck mich um den Verstand!«, fordere ich ihn auf.

Romeo reagiert sofort. Er umkreist mit der Zunge und schnellen Bewegungen meine Lusterbse und rammt zwei Finger in mein nasses Loch, die er in Richtung meines Bauchnabels bewegt. Er ist ein Meister der Befriedigung und weiß genau, wie er mich in Ekstase versetzt.

Ich stöhne auf und schließe die Augen. Er raubt mir die Luft zum Atmen und bringt meinen Körper in einen Ausnahmezustand. Die wohlige Hitze, die in mir aufsteigt, während seine Zunge mein Loch stopft und die Nase meinen Kitzler verwöhnt, ist kaum zu ertragen. Der Druck in mir wird immer stärker, und ich nehme nichts mehr wahr, außer einen lauten Knall. Ich explodiere wie eine Granate und zucke unter seiner sexuellen Stimulation.

Ich stöhne laut und kralle mich in seinem Haar fest.

Nach der gewaltigen Wucht, die meinen Körper kurz außer Gefecht gesetzt hat, hält Romeo inne und krabbelt auf mich drauf.

»Wie bist du hier reingekommen?«, frage ich ihn und nehme sein Gesicht zwischen meine Hände.

»Ich bin an den Ranken der Hauswand hochgeklettert und dann über den Balkon hereingekommen. Die Balkontür stand offen. Ich habe gesehen, dass du wie Dornröschen tief und fest geschlafen hast. Dabei bekam ich das Verlangen, deine Möse zu schmecken und dich wach zu lecken«, sagt er und grinst.

»Na, das hat ja geklappt. Hast du denn keine Angst gehabt, dass jemand dich erwischt?«, frage ich.

»Ich habe deine Tür geprüft. Sie ist verschlossen.«

Dieses Schwein hat mich eingeschlossen, denke ich.

»Ich bin so froh, dass du lebst! Wir müssen dringend reden«, sage ich.

»Jetzt müssen wir erst mal etwas zu Ende bringen. Mein Schwanz platzt gleich vor Sehnsucht nach dir«, meint er und presst seine Lippen auf meine.

Er ist nicht zu bremsen in seiner Geilheit und nichts ist ihm wichtiger als mein Körper, sodass ich die Sorgen hinten anstelle und mich auf dieses Spiel einlasse.

Gierig gibt er meinen Muschisaft an meine Zunge weiter. Ich verschmelze und bin bereit, ihm seine Sehnsucht zu nehmen.

Unersättlich rolle ich Romeos Shirt nach oben, um es ihm über den Kopf zu ziehen und seinen Oberkörper von dem störenden Kleidungsstück zu befreien. Ich liebe seine nackte Haut und die Muskeln, die seine Männlichkeit unterstreichen. Doch noch mehr liebe ich ihn.

»Küss mich«, sage ich und werfe das Shirt zu Boden, während er seine Lippen wieder auf meine presst und mir gibt, wonach ich mich verzehre.

Der Sturm in uns ist nicht mehr aufzuhalten und spiegelt sich in unserem heftigen Kuss wieder. Wie zwei Kämpfer fallen wir über einander her und drehen uns, ohne die Lippen voneinander zu lösen. Nun ist er unten und ich oben. Mit meinem Schoß sitze ich direkt auf seinem harten Schwanz, der von seiner Hose bedeckt ist, aber am liebsten sofort in mich abtauchen möchte.

Doch es ist noch nicht so weit. Ich habe Lust zu spielen. Bevor es ordentlich losgeht, will ich ihn verwöhnen, deswegen gewähre ich seinem geilen Pimmel den Eintritt in mein Tor noch nicht. Obwohl ich meinem Ziel, ihn heiß zu machen, treu bleibe, fällt es mir mit jeder Sekunde schwerer, mich zu zügeln und ihn nicht vor Geilheit aufzufressen.

Ich zwinkere Romeo zu und ziehe mein Kleid aus, gefolgt von meinem BH. Das Einzige, das ich nicht ablege, ist die schwarze Perlenkette. Der Anblick meines fast nackten Körpers bringt ihn gänzlich aus der Fassung. Seine Augen verdunkeln sich und er will mich für seinen Trieb benutzen. Ich liebe es, wie er sich nach mir verzehrt und mich so attraktiv findet, wie ich bin.

»Du weißt gar nicht, was du mit diesem Anblick in mir auslöst«, sagt er, als sein Blick zu meinen blanken Titten wandert und seine Hände nach ihnen greifen, um sie zu massieren.

»Entspann dich, Liebster«, sage ich und nehme seine Hände von mir, denn ich habe etwas anderes vor.

Ich führe meinen Mund zu seinem Hals, während mein Herz vor Erregung schneller als sonst pocht. Als ich an dieser empfindlichen Zone meine Lippen drauflege und in dem wunderbaren Geruch von Romeo versinke, zuckt er kurz zusammen. Ich verliere mich in seiner Nähe und in seinem Duft, sodass es sich anfühlt, als ob ich schwebe. Langsam küsse ich seine Haut und gleite mit meinen Schmolllippen zu seinem Pulsschlag.

»Du machst mich wahnsinnig! Ich habe keine Geduld für solche Spielchen«, sagt er.

Dass es ihm gefällt und verrückt macht, ist das schönste Kompliment, das er mir machen kann. Gierig arbeite ich mich weiter zu seinem Brustkorb herunter und liebkose ihn zärtlich, während jeder Zentimeter von Romeos Körper auf meine Nähe reagiert. Eine Gänsehaut nimmt von ihm Besitz, und auf seiner Haut stellen sich kleine Härchen auf.

»Gefällt dir das?«, frage ich ihn und hauche auf seine harte Brustwarze.

»Oh ja, Prinzessin!«

»Soll ich mich an deinen Brustwarzen vergehen?«

»Ja«, flüstert er lusterfüllt.

Ich beuge mich zu ihm hinunter und erfasse seine linke Knospe sanft mit meinen Zähnen. Genüsslich knabbere und sauge ich dran. Immer im Wechsel.

»Ohhh Julia«, stöhnt er und streichelt mir durchs Haar.

Er packt mich am Kopf, um mich zu dominieren. Der süße Schmerz gefällt ihm. Sogar mehr, als ich dachte. Bestimmend presst er mich fester auf seine Knospe, während sein hartes Teil durch die Jeans hindurch gegen meine nackten Schamlippen drückt.

Als ich aufhören will, um mich weiter nach unten zu vorzuarbeiten, lässt er mich nicht aus seinem Griff. Diese Vorliebe kannte ich noch nicht. Doch ich verstehe, was zu tun ist.

Während ich mehr Druck mit meinem Mund an seiner linken Knospe ausübe, führe ich meine Hand zu seiner rechten. Im Gleichklang mit dem anderen Nippel verwöhne ich diesen mit meinen Fingerspitzen. Ich zwirble dran und presse ihn zusammen, während Romeo laut stöhnt. Er genießt die prickelnde Penetration seiner Warzen in vollem Ausmaß.

Doch das dauert mir zu lange. Denn auch ich habe Bedürfnisse, die befriedigt werden wollen, und allzu lange hält es meine nasse Muschi nicht mehr ohne seinen Schwanz aus.

Während ich ihm mündlich das gebe, was er sich einfordert, löse ich meine rechte Hand von seiner Knospe. Daraufhin schiebe ich beide Hände runter zu seinen Oberschenkeln und massiere sie willig. Mit meinen Fingernägeln übe ich beachtlichen Druck aus, sodass Romeo von mir ablässt und ich meinen sündhaften Weg fortsetzen kann. Mit der Zunge gleite ich hinunter zu seinem Bauchnabel und dann zum Bund seiner Hose. Es wird Zeit, dass ich die Waffe zwischen seinen Beinen zum Abschuss bringe. Ich rieche längst die Befriedigung, die auf mich wartet.

»Ich hoffe, du bist bereit für das teuflische Feuer in der Hölle«, stoße ich aus und knöpfe wollüstig seine Jeans auf.

Zügig befreie ich ihn von dem störenden Stoff samt Unterhose und steige von seinem Schoß herunter, um die Position zu wechseln. Mein Mund sabbert bereits bei dem Anblick seiner leckeren Fleischpeitsche und kann es kaum erwarten, eine Kostprobe zu nehmen.

»Du Luder!«, flüstert er.

Erregt krabble ich zwischen seine Beine und nehme seinen harten Pimmel in die Hand. Dass er den geilsten Schwanz der Welt hat, wird mir wieder einmal bewusst, als meine Hand ihn befühlt.

»Oh Romeo«, stöhne ich, während mein Verlangen, ihn zu schmecken, immer größer wird.

Lüstern fahre ich mit der Zunge über seine Hoden und nehme sie in den Mund. Seine Atmung verrät mir, dass es ihm gefällt. Doch mein Verwöhnprogramm ist noch nicht vorbei. Ich will seinen Schwanz lutschen, und zwar so, wie er es braucht. Ich lasse von den Eiern ab, um meinen Gaumen zu erfreuen.

Mit der Zunge erkunde ich jeden Zentimeter von seinem dicken Pimmel und verleihe damit meiner Dankbarkeit Ausdruck, dass er mir so viel im Leben gibt. Denn so ein toller Mann mit einem so geilen Riemen hat es verdient, dass man ihn mit Liebe versorgt.

»Oh Romeo, ich gebe dir alles, was du brauchst«, keuche ich und umschließe daraufhin sein riesiges Ding mit dem Mund.

Wie gut er schmeckt, denke ich und höre meinen Sinnen dabei zu, wie sie Halleluja singen, während ich wie eine Professionelle seinen Schwanz lutsche, genauso wie er es braucht.

Er stöhnt und genießt es, oral von mir benutzt zu werden.

Nach ein paar Minuten halte ich inne und rotze auf seinen fetten Pimmel, um ihn zu wichsen. Romeo liebt die Abwechslung, die ich ihm verschaffe. Während ich den geilen Schwanz mit nassen Auf- und Abwärtsbewegungen in eine andere Welt keule, bespielt meine Zunge seine Eichel und fängt die leckeren Lusttropfen auf.

Romeo keucht wie bei einem Marathonlauf und kommt seinem Ziel näher, das Schießpulver aus seiner Waffe abzufeuern. Es ist Zeit, für mich zu handeln. Ich hauche provokativ auf seine Kuppe und krabble auf seinen Schoß, um seinen fetten Schwanz in meine nasse Muschi einzulochen. Kurz hebe ich mein Becken, um ihm den Einlass dafür zu gewähren. Dann ist es so weit. Ich hocke mich auf ihn und benutze ihn als Stöpsel für mein nasses Loch. Langsam verschwindet er in meiner feuchten Höhle, als ich mich auf ihn setze. Endlich sind wir eins.

Wie ein Engel genehmige ich ihm Schutz in meiner warmen Grotte, und wie ein Teufel verbrenne ich ihn dabei.

Ich stöhne auf, als er Zentimeter für Zentimeter mein Inneres mit seinem Umfang massiert, während ich mich auf- und abwärts bewege.

Doch das geht Romeo nicht schnell genug. Er ist überreizt und will nicht mehr länger auf den Höhepunkt warten. Er packt meine Arschbacken, um das Tempo unseres Ficks zu erhöhen. Wie ein Rennfahrer auf einer Rennbahn steigert er die Schnelligkeit der Bewegungen, indem er mich hoch und runter bewegt und seinen Schwanz eine Turboreibung verschafft. Das lässt uns beide nicht kalt.

Sein Stöhnen wird immer lauter, während ich vor Lust schreie und mich nicht länger beherrschen kann. Mein Muschisaft spritzt aus meinem Unterleib wie eine Fontäne und macht Romeo ordentlich nass, während ich die Beckenmuskeln anspanne.

Das ist zu viel für sein Gemüt, sodass er die Kontrolle über sich verliert und sein Schwanz in meiner Muschi pulsiert. Schweratmend schießt er seinen Liebessaft in mein nasses Loch und beendet damit unseren Fick.

»Du Tier!«, sage ich und lächle ihn an, während er mich zufrieden ansieht.

Ich beuge mich zu ihm hinunter und gebe ihm einen innigen Kuss für seine rasante Leistung.

Total berauscht von unserem Liebesakt liegen wir seitlich einander zugewandt und sehen uns an. Er ist so wunderschön, dass ich alle Sorgen bei seinem Anblick vergesse.

»Was wolltest du mir vorhin sagen?«, fragt er mich und streichelt über meine Lippen.

»Meine Brüder wollen dich und deine Familie töten. Ich wollte zu dir und dich warnen. Doch John hat mir ein Schlafmittel gegeben und ich wurde bewusstlos.«

Als ich rede, springt Romeo auf und setzt sich aufs Bett.

»Darum bist du nicht gekommen«, versteht er.

»Ja, es tut mir so leid. Wir müssen irgendwas tun. Bitte lass uns fliehen. Ich will dich nicht verlieren«, sage ich, während er energisch seine Kleidung wieder anzieht.

»Ich hole dich in einer Stunde ab, Prinzessin. Ich muss vorher schnell zu meiner Familie und sie warnen. Mach dich fertig, und dann gehöre ich für immer dir.«

Seine Worte sind Balsam für meine Seele. Ich wickle meinen nackten Körper in die Decke ein und eile glücklich zu ihm.

Danach falle ich ihm um den Hals und gebe ihm einen letzten Kuss. Als seine Lippen meine berühren, höre ich, wie jemand von außen die Tür aufschließt.

Alles geht rasend schnell. Noch ehe ich Romeo warnen kann, öffnet sich die Zimmertür und mein Bruder stürmt mit gezückter Waffe auf uns zu. Ohne etwas zu sagen, schießt er sofort auf die Liebe meines Lebens. Romeo fällt zu Boden. Schmerzerfüllt hält er sich die Brust, während Blut aus der Wunde an seiner Handfläche vorbei herausläuft.

»Nein!«, schreie ich verzweifelt und sinke zu Boden, während Romeos Blick leer wird.

»Romeo? Romeo? Bleib bei mir!«, flehe ich ihn an und wackle an seiner Schulter.

Doch es ist zu spät. Er atmet nicht mehr. Mit Romeos Tod folgt der Groll, der in diesem Moment keine Trauer zulässt. In mir steigt Hass hoch, den ich nicht aufhalten kann. Ich will Rache!

»Was hast du getan?«, brülle ich meinen Bruder an und öffne die Kommodenschublade, um Romeo zu rächen.

Schnell greife ich nach dem geladenen Revolver und erschieße John mit drei Schüssen, bevor ich die Waffe an meine Schläfe halte und abdrücke.

Die geile Diebin - Gierig versaut

Seit drei Monaten arbeite ich bei einem reichen Unternehmer. Sein Name ist Emil und er ist heiß. Obwohl er zehn Jahre älter ist, habe ich in seiner Gegenwart jedes Mal Schmetterlinge im Bauch. Doch so ein Mann hat keine Augen für eine Frau wie mich. Die Frauen, die er datet, spielen in einer anderen Liga und putzen nicht für Geld sein Haus. Trotzdem freue ich mich jeden Tag darauf, zur Arbeit zu gehen.

An einem Tag habe ich ihm heimlich beim Duschen zugeguckt. Ich wollte ins Badezimmer, um es zu reinigen. Doch dazu kam ich nicht, denn der Anblick seines nackten Körpers ließ mich erstarren. Unauffällig beobachtete ich ihn durch den geöffneten Türspalt, während der Sabber aus meinem Mund lief. Das war der schönste Augenblick der letzten Monate. Es erregte mich, wie die Wassertropfen auf seinem splitternackten Körper abprallten und er sich einseifte.

Plötzlich blickte er zu mir, und ich erschrak.

Sofort versteckte ich mich hinter der Tür und errötete vor Scham, als er mich erwischte. Doch er sagte nichts und das Wasser lief weiter, sodass ich mir noch mal einen Blick erlaubte.

Was ich dann sah, konnte ich zuerst nicht glauben. Emil stand seitlich zur Tür gerichtet, und durch die Duschwand konnte ich seinen erigierten Schwanz sehen, den er mit der rechten Hand bearbeitete. Er wichste seinen dicken Pimmel mit einer schnellen Handbewegung, während er sich vom Wasser berieseln ließ.

Ich wusste nicht, ob es daran lag, dass er mich an der Tür erwischt hatte, aber ich bildete mir ein, dass ich der Grund für seine Lust war.

Das geilte mich unglaublich auf, sodass ich mich selbst berührte, während ich ihm gierig bei seinem heißen Treiben zusah. Dabei wanderte ich mit meiner Hand in meine Hose und schob sie unter meinen Slip. Lüstern steckte ich einen Finger in mein nasses Loch und spielte meine Öffnung feuchter, während die Handfläche meinen Kitzler massierte.

Der Anblick und das Stöhnen von Emil, in dem Moment als ich es mir selber machte, brachten mich rasend schnell in Ekstase. Das war komplett neu für mich, sonst brauchte ich Stunden. Doch Emil ist etwas Besonderes, sodass es nicht lange dauerte, bis sich in meinem Unterleib so viel Druck aufbaute, dass ich an der Tür explodierte.

Seit diesem Erlebnis habe ich es nicht mehr geschafft, Emil

in die Augen zu sehen. Jedes Mal, wenn er mit mir spricht, erhitzen sich meine Wangen vor Scham, und ich möchte flüchten.

Es gibt nur eine Sache, die mich von der Peinlichkeit ablenkt und das ist meine kleine Schwester, die vor ein paar Monaten schwer erkrankte. Ihr Gesundheitszustand wird von Tag zu Tag schlechter und das Einzige, was sie retten kann, ist eine spezielle Behandlung, die bisher nur in den USA angeboten wird. Doch dafür fehlt uns das Geld. Aber um meine Schwester zu retten, bin ich sogar bereit, Emil zu beklauen. Denn er hat genug Geld.

***

»Sydney, denkst du wirklich, das ist eine gute Idee?«, fragt mich meine Schwester Mina.

Sie sieht mich besorgt an. Von dem lebensfrohen Mädchen mit der rosigen Haut ist nichts mehr übrig geblieben. Ihr Gesicht ist bleich und ihre Wangen sind eingefallen. Die Krankheit hat sie fest im Griff. Sie sitzt schwach auf dem Bett und kann sich gerade so hochhalten. Sie so krank zu sehen, bricht mir das Herz. Wenn wir jetzt nicht handeln, kann es sein, dass Mina nicht mehr lange zu leben hat, und das lasse ich nicht zu.

»Mach dir keine Sorgen, kleine Schwester, was soll schon passieren?«

»Soll das ein Witz sein! Du könntest erwischt werden.«

»Das nehme ich in Kauf, wenn ich damit dein Leben retten kann.«

»Ach Sydney, manchmal muss man sich damit abfinden, wenn man etwas nicht ändern kann. Du ruinierst meinetwegen deine ganze Zukunft.«

Ich setze mich zu ihr aufs Bett und sehe sie ernst an. »Merk dir eins: Wir können alles ändern, wenn wir den Mut haben, es zu versuchen! Ich ruiniere meine Zukunft, wenn ich dir beim Sterben zusehe. Also glaub an mich. Bitte glaub an mich«, sage ich und nehme ihre Hand.

»Okay, ich glaub an dich«, sagt sie schmerzverzerrt, während mir eine Träne über die Wange rinnt.

Ich nehme sie in den Arm und bete innerlich zu Gott, dass alles gut geht. Stark sein fällt mir zunehmend schwerer, denn unsere gemeinsame Zeit läuft ab.

»Schlaf ein bisschen. Morgen sieht die Welt ganz anders aus. Wenn du aufwachst, dann sind wir unserem Ziel schon ein Stück näher«, sage ich und küsse ihre Stirn. Schweren Herzens stehe ich auf, um das Zimmer zu verlassen.

»Sydney?«

»Ja?« Ein letztes Mal drehe ich mich um und schaue sie an.

»Ich liebe dich!«

»Ich liebe dich auch, kleine Schwester«, sage ich und verlasse das Zimmer.

***

In einem engen, schwarzen Catsuit mit passenden Handschuhen und schwarzer Mütze, die meine Haare verstecken, warte ich vor Emils Anwesen, bis die Luft rein ist. Für den heutigen Abend hat er mir freigegeben, da er heute ausgeht und es nicht mag, wenn ich ohne ihn im Haus bin.

Ich habe ein schlechtes Gewissen, dass ich sein Vertrauen missbrauche. Sehr sogar. Aber es geht um das Leben meiner Schwester und da ist Professionalität gefragt. Gefühle haben in dieser Situation keinen Platz.

Als das Außenlicht angeht, verstecke ich mich schnell hinter der Mauer und luchse unauffällig um die Ecke. Ungeduldig sehe ich Emil dabei zu, wie er ins Auto steigt und losfährt. Dann muss alles schnell gehen. Viel Zeit habe ich nicht. Ich renne zum Haus und hole den Ersatzschlüssel unterm Blumenkasten auf der Fensterbank hervor.

Wenn mich jetzt jemand sieht, ist alles vorbei, denke ich und die Unruhe in mir nimmt zu. Oh Mann, was mache ich hier nur!

Schnell schließe ich die Tür auf und eile die Treppe hinauf ins Schlafzimmer.

Obwohl das der einzige Raum ist, in dem ich nicht putzen darf, weiß ich genau, dass Emil dort im Kleiderschrank viel Geld aufbewahrt, denn ich bin wachsam und habe beobachtet, wie er ein Bündel Geld in eine Schachtel und anschließend in den Schrank legte. Zum Glück weiß er das nicht.

Als ich das verbotene Zimmer betrete, schlägt mein Herz so stark wie noch niemals zuvor. Jetzt muss alles schnell gehen. Ich renne zum Schrank, links neben der Tür, um die Kohle, die ich so dringend brauche, zu entwenden. Mein schlechtes Gewissen gegenüber Emil steigt mit jeder Sekunde sowie die Angst, erwischt zu werden.

»Oh Mann, Sydney, jetzt bloß nicht die Nerven verlieren!«, sage ich mir leise und öffne die Schranktür ganz rechts.

Die Innenfächer sind groß und statt Ordnung herrscht ein einziges Chaos. Eine Kiste mit Geld sehe ich nicht. Dafür mehrere Stapel nicht zusammengelegter Wäschestücke.

»Scheiße, wo ist die Schachtel? Das darf doch nicht wahr sein!«, fluche ich und wühle mich durch Emils Kleidung.

Aber egal, wo meine Hände auch fühlen, eine Kiste ist nicht zu finden. Plötzlich steigt Panik in mir auf. Mein Plan trägt keine Früchte. Und egal, hinter welcher Schranktür ich auch suche, ich komme immer wieder zum selben trostlosen Ergebnis. Doch ich gebe nicht auf. Verzweifelt suche ich die letzten Zentimeter des Schranks ab, als ich höre, wie jemand unerwartet die Treppe hochläuft.

Sofort stolpert mein Herz, und ich werde panisch. Die Angst, erwischt zu werden, versetzt meinen Körper in einen Alarmzustand. Mist! Mist! Mist! Das darf doch nicht wahr sein! Was mache ich jetzt nur?

Schnell suche ich nach einer Möglichkeit, mich zu verstecken. Aber keine Chance, die Schränke sind voll, und ich habe nicht mehr viel Zeit. Mir bleibt nichts anderes übrig, als mich zu stellen.

Flink werfe ich mich auf die Spielwiese, auf der ich in Gedanken schon so oft mit Emil gespielt habe. Ich lege mich seitlich aufs Bett und stütze meinen Kopf ab, während ich versuche, ruhig zu wirken.

Als Emil das Zimmer betritt, lächle ich ihn verführerisch an.

»Hey Chef«, sage ich und tue selbstbewusst.

Emil sieht mich mit großen Augen und gerunzelter Stirn an. Sein Gesichtsausdruck wirkt verstört, so, als hätte er einen Geist gesehen. Doch selbst in diesem Schockmoment ist seine Männlichkeit so betörend für mich, dass ich kurz das eigentliche Ziel aus den Augen verliere.

»Sydney? Was machst du hier? Was hat das zu bedeuten? Und wie siehst du überhaupt aus? Catsuit?«, fragt er mich kopfschüttelnd.

Oh Mann, am liebsten würde ich im Erdboden versinken vor Scham. Aber ich gebe mir Mühe, ein perfektes Schauspiel abzuliefern.

»Bitte halte mich nicht für verrückt, aber ich muss ständig an deinen durchtrainierten Körper denken und deine sinnlichen Lippen. Die Wahrheit ist, du bringst mich um den Verstand und ich möchte mit dir schlafen.« In dem Moment, als ich es ausgesprochen habe, bereue ich es schon wieder.

»Sydney, was redest du da?«

»Ja, ich wollte es nicht wahrhaben, aber dann musste ich es einsehen. Du bist der Mann meiner schlaflosen Nächte und alles in mir schreit nach dir. Halte mich für verrückt. Ja, vielleicht bin ich verrückt. Aber das ändert nichts daran, dass ich mich voll und ganz nach dir verzehre. In jeder Stunde, jeder Sekunde und in jedem Moment«, sage ich, ohne dabei lügen zu müssen.

Obwohl es mir widerstrebt, so in die Offensive zu gehen, sehe ich für mich keine andere Möglichkeit mehr, um mich aus diesem verpatzten Einbruch zu befreien.

Ich muss alle weiblichen Reize einsetzen, die mir zur Verfügung stehen, damit Emil keinen Verdacht schöpft und ich zurück zu meiner Schwester komme.

Ich drehe mich auf den Bauch und krabble wie ein wildes Tier auf der Pirsch im Vierfüßlergang in seine Richtung.

Noch ist Emil starr und weiß nicht, was er von diesem Augenblick halten soll. Er ist vorsichtig und sein Verstand warnt ihn vor mir.

»Sydney, du weißt, dass ich verabredet bin und keine Zeit für so etwas habe.«

»Aber warum bist du dann hier?«, frage ich und knie mich direkt vor ihn, während meine Hand zu seinem Hosenbund wandert. Doch Emil hält sie fest und sieht mir tief in die Augen.

»Ich habe heimlich eine Alarmanlage einrichten lassen und mein Handy hat Bewegungen im Haus registriert. Die Frage ist doch: Warum bist *du* hier, obwohl du wusstest, dass ich nicht da bin!«

»Ich wollte für dich etwas vorbereiten und dich überraschen. Willst du mir jetzt zum Vorwurf machen, dass ich dich absolut heiß finde und verrückt nach dir bin?«, improvisiere ich.

Doch Emil schweigt und beobachtet mich misstrauisch.

Es zerreißt mich, nicht zu wissen, was er denkt, und diese Kälte in seinen Augen bringt mich fast um. Wenn ich ihn nicht überzeugen kann, verliere ich alles, und das macht mir Angst. Mein Inneres fleht seinen Trieb an, sich auf mich einzulassen.

»Komm schon, du hast jetzt die Chance, mich zu ficken, also nutze sie«, fordere ich ihn auf, während er mich mit seiner Nähe einhüllt. Diese Worte passen ganz und gar nicht zu mir. Dennoch bin ich überrascht, wie einfach sie mir in dieser Situation über die Lippen kommen.

Emil steht direkt vor mir und ist mir näher als jemals zuvor. Aber seine Unsicherheit trennt uns voneinander.

Ich fühle mich schlecht. Die Ungewissheit lässt die Stille zwischen uns zur Qual werden. Dennoch spüre ich eine Mischung aus geheimem Verlangen und Zerrissenheit. Irgendetwas ist da zwischen uns, und ich bin mir sicher, dass lediglich sein Verstand ihn davon abhält, sich auf mich einzulassen.

Als seine Hand sich von meiner löst, nutze ich die Chance, um fortzufahren, und schiebe den Stoff der Hose mit den Fingerspitzen ein Stück von seiner Haut weg. Jetzt habe ich Platz, um meine Hand in seiner Hose zu entfalten. Vorsichtig taste ich mich zur verbotenen Zone zwischen seinen Schenkeln vor. Er zuckt kurz zusammen, doch er lässt es sich gefallen. Dass er geil auf mich ist, kann er nicht mehr länger verbergen. Die Beule in seiner Jeans ist sichtbar vorgewölbt und wächst mit jeder Sekunde. Jetzt habe ich ihn genau da, wo ich ihn haben will, um von meiner Schande abzulenken.

»Sydney, wir dürfen das nicht«, sagt er und versucht, Anstand zu bewahren. Doch sein dicker Schwanz erzählt bereits eine andere Geschichte.

»Das sieht der hier unten aber ganz anders, oder?«, sage ich und gleite mit der Hand komplett in seine Boxershorts hinein.

Gierig beobachte ich seine Reaktion. Emil schließt die Augen und weiß nicht, wie er der Situation entkommen kann. Er weiß, dass ich nicht lockerlasse. Ich höre erst auf, wenn ich habe, was ich will, und das ist ein geiler Ablenkungsfick. Ich nehme das dicke Fleisch in meine Hand und massiere es langsam. Das gefällt ihm. Er stöhnt laut auf, während Lusttropfen aus seiner Eichel laufen und seinen Schwanz mit ausreichendem Gleitfilm versorgen.

Emil kämpft mit sich, aber dann kann er sich nicht mehr kontrollieren. Plötzlich packt er mich am Haar und zieht meinen Kopf ein Stück nach unten. Diese Aggression in seinem Wesen ist mir fremd, doch mir bleibt nichts anderes übrig, als mitzuspielen. Denn auf keinen Fall darf er bemerken, dass ich andere Dinge im Schilde führe.

»Sydney, was machen wir hier bloß?«, keucht er vor Lust in den Raum.

»Wir nehmen uns das, wonach wir schon lange gieren«, sage ich und meine Kopfhaut brennt dabei von seinem harten Griff.

Provokativ ziehe ich die Hand aus der Shorts und schaue ihn lüstern an, während er weiterhin mit seiner Lust ringt.

»Jetzt fick mich schon!«, fordere ich ihn auf.

Dann hält er es nicht mehr aus. Seine Gier ist zu groß. Er will mich vögeln, und zwar jetzt. Gierig beugt er sich zu mir herunter und presst seine Lippen wild auf meine.

Oh mein Gott, wie gut er schmeckt, denke ich, während er mich mit seinen Küssen versorgt, wie ein Lieferant seinen Kunden. Gefangen in seinem Verlangen packt Emil meine Schultern und drückt mich nach unten, sodass wir zusammen ins Bett sinken. Dann liegt er über mir und schiebt seinen harten verdeckten Schwanz zwischen meine Beine. Der Druck, den er mit dem harten Knüppel an meiner Möse auslöst, ist zu viel für meine Sinne. Ich schließe die Augen und stöhne laut auf, während ich immer nasser werde.

Vom beherrschten Gentleman ist nichts mehr übrig. Die Geilheit hat ihn in ein Tier verwandelt. Komplett außer sich fällt er über mich her und packt meine Brüste so derbe, als würde er sich schon lange danach sehnen. Er massiert sie so sehr, dass die Lust in mir aufschreit und nach mehr verlangt.

Inzwischen schwimme ich vor Gier zwischen den Beinen, obwohl es nur ein Mittel ist, um meinen Einbruch zu vertuschen. Statt einem Bündel Geld in der Tasche, liege ich jetzt auf dem Bett und bekomme etwas anderes. Es ist verrückt, aber je mehr er sich nach meinem Körper verzehrt, desto geiler werde ich darauf, von Emil gefickt zu werden, und blende das Ziel aus. Was zählt, sind nur wir in diesem Moment.

Aufgegeilt schlinge ich meine Beine um sein Becken, um ihn fester an mich heranzupressen. Ich möchte nur noch eins, und das ist sein fetter Schwanz in meinem nassen Loch.

»Oh mein Gott!«, stöhne ich auf, als er stürmisch meinen Hals küsst und in mir eine Gänsehaut auslöst, die mich beflügelt, als würde ich schweben.

»Warum hast du dieses Outfit gewählt, Sydney?«, fragt er stöhnend.

»Ich … ich dachte, es würde dir gefallen, es hat einen Reißverschluss hinten. Du kannst ihn gern öffnen«, sage ich.

»Oh Sydney, du geile Sau! Seitenwechsel.«

Lüstern steigt er von mir herunter und dreht mich auf den Bauch. Er öffnet den Verschluss so flink, als würde es um Leben und Tod gehen. Ein kühler Hauch versetzt meine beiden Löcher in einen Ausnahmezustand, während Emil sie freilegt und mich zu seinem Spielzeug formt. Mit seinen großen Händen massiert er kurz meine Arschbacken und zieht sie auseinander, um in meine dunkle Öffnung zu gelangen. Zeit, die Situation richtig einzuordnen, habe ich nicht. Plötzlich geht alles rasend schnell. Innerhalb weniger Sekunden hat er seine Zunge an mein anales Loch geführt, um es auszuschlecken, als wäre es ein Eis.

»Emil«, stöhne ich und will ihn davon abhalten.

Doch dann verliere ich die Kontrolle. Mir wird warm und eine glühende Hitze raubt mir die Scham. Das unangenehme Gefühl tauscht mit einer Lust, die ich bisher nicht kannte. Statt weniger will ich mehr und strecke ihm meinen Hintern entgegen.

Emil versteht meine Forderung. Genüsslich steckt er seine raue Zunge tief in mich und massiert mein Inneres sorgsam.

Ich stöhne laut auf und schließe meine Augen. Alle meine Sinne gehen in diesem Moment verloren. Ich weiß nicht mehr, wo ich bin, denn seine Zunge leckt mich in eine andere Welt. Lustvoll führe ich die rechte Hand zu meiner Klitoris und stimuliere mich dabei selbst. Dieser Mann weiß genau, was eine Frau braucht. Wie ein Weltmeister bringt er meinen Unterleib zum Kribbeln und erweckt in mir Vorlieben, die ich bisher nicht kannte. Die Gier in mir ist auf Entdeckerreise und genießt es, von ihm oral stimuliert zu werden.

»Ohhhh ja … weiter«, stöhne ich.

Dass seine Liebkosungen mir gefallen, erregt ihn. Seine Atmung wird schwerer. Während seine Zunge nicht von mir ablässt, höre ich, wie er gleichzeitig seine Hose auszieht und etwas aus dem Nachttisch holt.

Gleich ist es so weit, und er wird mit seinem Pimmel in mich abtauchen, denke ich und kann es kaum erwarten, seinen dicken Schwanz in mir zu spüren.

Aber zu früh gefreut. Anstatt dass er seinen Hammer in meine Möse stößt, steckt er mir unerwartet etwas in den Po. Ich kann nicht identifizieren, was es ist, während er es langsam in mich einführt und meinen Arsch damit entjungfert. Wie ein Sexgott dehnt er vorsichtig meine feucht geschleckte Rosette und füllt sie Stück für Stück aus.

»Was ist das?«, frage ich keuchend, während ich versuche, den süßen Schmerz zu ertragen und kein Spielverderber zu sein.

»Das ist ein Analplug, er wird dir das doppelte Vergnügen bescheren, wenn ich dich ficke«, sagt er.

Dieser Mann steckt voller Überraschungen, was mich nur noch mehr aufgeilt. Erregt öffnet er den Reißverschluss komplett und legt meine ausgehungerte Muschi frei, aus der die

Sündenflut herausläuft. Inzwischen bin ich so nass, dass ich einen Baseballschläger aufnehmen könnte. Das bleibt ihm nicht verborgen.

»Na, da kann es aber jemand kaum erwarten«, sagt Emil und steckt zwei Finger von hinten in meine Muschi.

Er fingert mich in einen Rausch, der benebelnder nicht sein könnte. Dabei bewegt er seine Finger so gekonnt, dass sie einen Wasserfall aus meinem Muschisaft erschaffen, der nicht mehr aufzuhalten ist. Meine Gefühle fahren Achterbahn, als er immer mehr Druck in meiner Muschi aufbaut und der Analplug die Intensität verstärkt. Mir wird heiß, und ich schreie laut auf. Eine gewaltige Explosion durchrauscht meinen Körper und bringt mich zu Fall. Ich zittere mit jedem Zentimeter meines Körpers.

Doch statt mich zu verschonen, legt Emil jetzt erst richtig los. Er zieht seine Finger aus mir heraus, um die Waffe zwischen seinen Beinen endlich abzufeuern. Langsam schiebt er seinen freigelegten Pimmel von hinten in meine Möse und dringt Zentimeter für Zentimeter weiter in mich ein. Er ist so einfühlsam dabei, dass es in meiner nassen Höhle kribbelt, als würden Hunderte Schmetterlinge dort drin ihr Unwesen treiben.

»Oh Emil«, sage ich und genieße das wahnsinnig gute Gefühl, von ihm ausgefüllt zu sein, während er mich langsam fickt und mich sanft auf die nächste Stufe vorbereitet.

»Gefällt dir das?«, fragt er und hält sich dabei an meinen Arschbacken fest.

»Oh ja. Fick mich weiter«, flehe ich.

Mein Wunsch, von ihm ordentlich durchgefickt zu werden, bringt die Dunkelheit in ihm zum Vorschein. Er packt mich von hinten am Pferdeschwanz und stößt hart zu, dann pausiert er kurz und stößt erneut zu. Das Schema beizubehalten, beherrscht er gut.

Obwohl alles in ihm danach schreit, seinen Saft in mich hineinzuspritzen, hat er sich im Griff. Seine Stöße sind aggressiv, aber kontrolliert. Das gefällt mir. Meine Muschi sabbert wie bei einem Festmahl vor Lust, als er mir einen Klaps auf den Po gibt und mich in eine devote Sklavin verwandelt.

Die vielen Facetten dieses Mannes ficken mich um den Verstand. Emil genießt meine Unterwürfigkeit und legt an Tempo zu. Von seinen gezielten Stößen ist nichts mehr zu merken. Innerhalb weniger Sekunden ist er zu einer Fickmaschine mutiert, die auf Turbo geschaltet ist.

Das ist zu viel für mein Gemüt. Der Druck in meinem gleichzeitig gestopften Anus wird eins mit meinem kompletten Unterleib und ich verliere die Kontrolle über meinen ganzen Körper.

»Du geiler Ficker!«, schreie ich vor Lust durchs Zimmer und lasse mich in die Welt der Sünde fallen.

In diesem Moment verliert Zeit und Raum an Bedeutung. Ich schwebe in ein Land, das den Namen »Verlangen« trägt. Eine berauschende Wärme steigt mir zu Kopf und ich glühe vor Lust wie Holz im Kaminfeuer.

Oh ja, Emil weiß, was er tut. Ich schwitze wie bei einem Marathonlauf, während das Gefühl der Wollust mich mit Lustgefühlen einhüllt. Mit seinem gewaltigen Pimmel bringt er meine Möse zum Ausrasten und aktiviert die verloren geglaubte Liebe auf Sex in mir erneut.

Wir stöhnen im Gleichklang, während das Zusammenklatschen unserer intimen Stellen die passende Melodie der Gier erzeugt.

»Komm für mich, Sydney«, sagt er und stößt zunehmend schneller zu.

Willig strecke ich ihm meinen Hintern immer mehr entgegen, um ihn so tief wie möglich zu spüren, und massiere meine Lusterbse dabei. Als sich Emil nach vorn beugt und seine Arme um meinen Oberkörper schlingt, schließe ich die Augen. Der Druck in mir wird zunehmend größer. Ich spanne meine Beckenmuskulatur an und arbeite dem Höhepunkt entgegen, während Emil sich an meinen Titten festkrallt. In diesem Moment sind wir eins. Wir verschmelzen miteinander wie Wachs, und nur das heiße Feuer zwischen uns hält uns am Leben.

»Oh Emil«, stöhne ich laut auf und verwandle mich in Sprengstoff, dessen Zündschnur er zieht.

Dann explodiere ich, und zwar in einem so gewaltigen Ausmaß, dass er mir den Mund zuhält, als ich die Lust herausschreie. Die Sinnlichkeit, mit der er mich zum Beben bringt und der gleichzeitige Schmutz, der seine Seele befleckt, versetzen mich in höchste Ekstase. Ich zittere am ganzen Leib, wie bei der schlimmsten Grippe, wenn mich der Schüttelfrost quält.

Doch Emil ist professionell und geht rücksichtsvoll auf mich ein. Er gewährt mir einen Augenblick, um mich wieder zu fangen, und wird in seinen Stößen langsamer, bis mein Körper aufhört zu bibbern.

Gott war das geil! Glücksgefühle durchströmen mein Gemüt, und ich möchte nie wieder dieses Bett verlassen.

»Dreh dich um!«, sagt er und zieht seinen Schwanz aus mir heraus.

Ich tue, was er verlangt, und lege mich auf den Rücken. Glücklich blicke ich in seine glänzenden Augen, die ich nie im Leben so sexy fand, wie in diesem Moment. Dann spreize ich die Beine einladend. Sofort verliert er die Kontrolle über den Augenkontakt und visiert mein nasses Loch an. Oh ja, das gefällt ihm.

Lüstern krabbelt er auf mich und beugt sich langsam zu mir herunter. Doch ich halte es nicht länger aus, ziehe ihn auf mich und schlinge meine Arme um seinen Hals.

»Küss mich!«, flehe ich ihn an, und er gibt mir, wonach ich mich sehne.

Leidenschaftlich presst Emil seine Lippen auf meine. Während unsere Zungen sich verbinden und seine Küsse mir neue Luft zum Atmen geben, verschmelzen wir komplett. Wieder wandert sein geiler Schwanz zu meinem nassen Loch und dringt in mich ein. Doch diesmal läutet er die Endphase ein. Von seinem herrischen Wesen ist keine Spur mehr. Im Gegenteil. Seine Küsse sind friedlich, und während er mich sinnlich zum letzten Akt fickt, fühle ich Emotionen in ihm, die bisher verborgen waren. Auf einmal ist er nicht mehr mein Chef, sondern das fehlende Puzzlestück, das mich komplett macht.

Ich stöhne beim Küssen und merke, wie der Druck in mir erneut zunimmt. Die Vereinigung unserer Herzen bringt meinen Körper wiederholt zum Explodieren. Doch diesmal fickt er mich zügig weiter und übertönt die Lustschreie mit seinem Stöhnen. Ein letztes Mal ziehe ich meine Beckenmuskeln zusammen, was ihn komplett aus der Fassung bringt.

»Oh Sydney!«, stöhnt er laut auf und kann sich nicht länger zurückhalten.

Das Pulsieren in seinem Schwanz ist so stark, dass ich es in meiner durchgefickten Muschi spüre, als er seinen Saft in mich reinpumpt.

Frisch gevögelt liegen wir auf dem Bett und sehen uns an, während wir das Erlebte noch einmal Revue passieren lassen.

»Ich habe in dir schon immer mehr gesehen als eine Reinigungskraft. Bitte bleib über Nacht«, sagt er und streicht mir eine Haarsträhne aus dem Gesicht.

»Ich dachte, du hast eine Verabredung.«

»Ich würde sagen, die werde ich verschieben müssen«, meint er und lächelt mich an.

»Dein Ernst?«

»Ich wollte nur ein paar Schulden begleichen, das kann ich aber auch morgen«, sagt er.

Sofort dämmert mir, dass dafür die Knete in seinem Schrank vorgesehen war. Dieser Moment ist mir mehr als unangenehm. Denn der einzige Grund, warum ich hierhergekommen bin, war dieses Geld.

»Ich weiß nicht, was ich sagen soll.« Ich drehe meinen Kopf zur Seite, kann ihm nicht in die Augen sehen und fühle mich schmutzig. Mein schlechtes Gewissen ihm und meiner Schwester gegenüber quält mich und bringt das Chaos in meinem Kopf zum Überlaufen. Ich weiß nicht, was ich tun soll. Unser Fick hat alles verändert. Ratlos blicke ich durchs Zimmer und frage mich, ob es eine Lösung für dieses Dilemma gibt. Doch dann erblicke ich Emils Hose auf dem Fußboden, aus der sein gefülltes Portemonnaie ein Stück herausragt.

Soll ich das Geld heimlich entwenden und meinen Plan weiter fortsetzen? Oder hat der Himmel mir dieses Erlebnis geschickt und mir neue Türen geöffnet, sodass ich meine Schwester retten kann, gemeinsam mit Emil an meiner Seite?

Harte Demütigung

Ich heiße Nelli und bin siebenundzwanzig Jahre alt. Seit mehreren Jahren arbeite ich in einer Justizvollzugsanstalt als Justizvollzugsbeamte. Ich liebe meinen Beruf als Gefängniswärterin und würde ihn gegen nichts in der Welt eintauschen. Denn hier kann ich meine dominante Ader komplett ausleben, was mir viel Freude bereitet.

Für jemanden mit einem sanften Gemüt ist dieser Berufszweig nichts. Die Häftlinge, die ich betreue, sind Schwerstkriminelle und unberechenbar. Um sie in den Griff zu bekommen, braucht man Mut und Biss. Am besten erreicht man solche dunklen Seelen mit Sex-Appeal und Selbstbewusstsein.

Dieser Beruf ist gewiss kein Zuckerschlecken. Schon beim Vorstellungsgespräch sagte mir mein Boss: »Wenn du hier überleben willst, musst du wissen, was du dir selbst wert bist.«

Und er hatte recht. Denn das kann man bei den vielen sexuellen Anspielungen schnell vergessen. Die Sprüche der Häftlinge sind oft unter der Gürtellinie. Sie betrachten mich als Spielzeug, aber auf keinen Fall als nette Dame von nebenan. Da ich die einzige Frau bin, die hier arbeitet, bin ich bei ihnen besonders beliebt.

Ich genieße es, wenn ihre Augen mich ausziehen oder ihre Schwänze hart werden, nur weil ich ihnen zu nahe komme. Ein verführerischer Blick reicht, um ihr ungeficktes Dasein in ein Gefühlschaos zu stürzen. Aber wie könnte ich es ihnen übel nehmen, sie bekommen hier keine anderen Frauen zu sehen, und Sex haben sie nur mit ihrer Hand. Manchmal sehe ich ihnen heimlich dabei zu, wie sie es mit sich selber treiben, und dann werde ich geil. Trotzdem habe ich ein Motto, an das ich mich halte: »Nur gucken und nicht anfassen.«

Es sei denn, ich bin gezwungen, eine körperliche Untersuchung durchzuführen, um unerlaubte Gegenstände aufzuspüren.

***

»Hier ist die Akte unseres Neuzugangs. Wir holen ihn jetzt«, sagt mein Kollege Ronald, den alle nur Ron nennen, und drückt mir das Schriftstück in die Hand.

Ein normaler Vorgang, der sich jeden Tag aufs Neue abspielt. Kurz sehe ich ihm hinterher, als er mit einem weiteren Beamten die JVA verlässt und zum Transporter läuft. Dann wende ich mich dem Schriftstück in meiner Hand zu. Interessiert öffne ich die Akte, um mir einen Einblick zu verschaffen, was für ein Täter mich erwartet. Wow, denke ich sofort, als ich das Foto sehe, denn er ist genau mein Typ. Er hat stechend blaue Augen, die seiner Kälte Ausdruck verleihen, und trotzdem für Wärme zwischen meinen Schenkeln sorgen. Sein Aussehen, gemischt mit krimineller Energie, ergibt eine gefährliche und explosive Mischung. Er ist aufregend, daran gibt es keinen Zweifel.

»Kai Denker, neunundzwanzig Jahre, schwere Körperverletzung mit Todesfolge«, flüstere ich, während ich in seiner Akte herumstöbere und jedes geschriebene Wort wie ein Staubsauger aufsauge.

Eine unerklärliche Faszination für diesen Mann durchströmt meinen Geist und fordert mich dazu auf, alles von ihm in Erfahrung zu bringen. Doch dafür ist jetzt keine Zeit. Ein lautes Piepsen reißt mich aus meiner Recherche und kündigt den Zugang an. Schnell lege ich die Akte auf einen Abstelltisch und blicke gespannt zur Tür, die sich automatisch nach dem Alarm öffnet. Meine Kollegen führen Kai zur Sicherheitsschleuse, an der ich heute eingeteilt bin.

Als er durch die Schleuse läuft, bleibt mir fast die Spucke weg, denn er sieht besser aus als auf dem Bild. Sofort fallen mir seine vielen Tattoos auf den Händen, am Hals und sogar an den Schläfen ins Auge. Sein Gesicht ist markant und respekteinflößend. Doch selbst sein verwuscheltes Haar hat Stil. Alles an ihm wirkt gefährlich und erregend zugleich.

Es fällt mir schwer, den Blick von ihm abzuwenden. Die Faszination ist zu groß. Dass ich ihn einen Augenblick zu lange mustere, bleibt auch ihm nicht verborgen. Er stellt sich direkt vor mich und sucht Augenkontakt. Erst, als sein kalter Blick meinen trifft, komme ich wieder in die Realität zurück. *Oh Gott, macht der mich nervös*, denke ich und versuche, mich zusammenzureißen.

»Wenn du gut mitarbeitest, sind wir hier schnell durch«, sage ich und trete einen weiteren Schritt an ihn heran, um ihn abzutasten.

Er schweigt, was mir unangenehm ist. Kein dummer Spruch, keine plumpe Anmache, keine Beleidigung. Das Einzige, womit er mich beglückt, ist sein Atem, der auf meinem Hals kribbelt.

Jetzt reiß dich zusammen, ermahne ich mich selbst in Gedanken, doch es fällt mir schwer.

Die trügerische Stille, die sich wie ein Schleier um uns legt, bringt mich fast um meinen Verstand.

Als meine Hände bei der Inspektion seine Brust berühren, erfühle ich nicht nur seine Muskeln, sondern auch seinen Herzschlag. Dieser ist langsam und im Vergleich zu meinem im Winterschlaf. Von Aufregung gibt es bei ihm keine Spur. Oh Mann, ich komme mir so dumm vor. Warum bringt er mich dermaßen aus der Fassung, während er keine Emotionen zeigt, frage ich mich und kann mich bei der weiteren Untersuchung nur schwer aufs Wesentliche konzentrieren. Ich weiß nicht, was mit mir los ist. Aber eins steht fest: Das ist mir alles zu viel. Mir wird schlecht.

»Übernimmst du bitte, Ron? Ich glaube, ich habe mir den Magen verdorben«, sage ich zu meinem Kollegen und verlasse eilig die Schleuse.

***

Die darauffolgenden Tage halte ich mich von Kai fern und teile meine Arbeiten so auf, dass Ron für ihn zuständig ist und ich ihn nur aus der Ferne beobachte. Unsere Begegnung an der Schleuse hat Spuren hinterlassen und eine Unsicherheit in mir ausgelöst, die ich noch immer nicht verstehe.

Mein Bauchgefühl sagt mir, dass Kai in der Lage ist, in meinen Verstand einzudringen und meine Stärke in Schwäche umzuwandeln. Warum dieser Mann so auf mich wirkt, begreife ich nicht. Doch jeder Blickkontakt mit ihm trifft mich wie ein Giftpfeil, der mich schleichend umbringt.

»Erde an Nelli, bist du anwesend oder in Gedanken gerade bei einem heißen Date?«, fragt mich Ron, als ich Kai dabei mustere, wie er mit den anderen Häftlingen seine morgendliche Mahlzeit in der Kantine einnimmt.

»Date … Du weißt doch, dass mir niemand gewachsen ist«, scherze ich.

»Stimmt, der Mann muss erst geboren werden. Oder steht er neben dir?«, fragt Ron und hofft auf eine Reaktion von mir.

Doch wie immer ignoriere ich seine Avancen.

Genau in diesem Moment dreht sich Kai zu uns um und sieht mich so intensiv an, als hätte er unser Gespräch belauscht. Aber das ist nicht möglich. Schnell blicke ich weg. Jeder Blickkontakt mit ihm ist mir unangenehm und löst in mir paranoide Schübe aus.

Warum, zum Teufel, bringt er mich so aus dem Konzept? Was ist nur los mit mir?

»Okay, keine Antwort ist auch eine Antwort. Ich merke schon, du bist heute nicht bei der Sache. Ich habe heute Mittag einen wichtigen Arzttermin, würdest du für mich einspringen und den Neuzugang von seiner Arbeit im Garten abholen und danach zu den Duschen begleiten?«

»Ich?«, frage ich erschrocken und sehe Ron mit großen Augen an.

»Ja, du. Ist doch nicht der erste Mann, dem du beim Duschen zuguckst. Ich gehe davon aus, dass du ihm ordentlich Feuer unterm Arsch machen wirst. Wenn nicht du, wer sonst!«

Oh Mann, wenn du nur wüsstest, wie mich dieser Kriminelle allein mit seiner Anwesenheit anmacht, denke ich und sage: »Na klar, ich versohle ihm den Hintern, wenn er frech wird.«

»Das dachte ich mir«, sagt Ron und lacht, während ich erneut zu Kai blicke und meine Sorge herunterschlucke.

***

Wie abgesprochen betrete ich pünktlich den JVA-Garten, um Kai abzuholen. Ich nicke dem zuständigen Personal zu, das den Weg für mich frei macht und mir Sicht zu meinem Gefangenen verschafft. Kai kümmert sich um das Gemüsebeet und befreit den Boden vom Unkraut. Als ich ihn erblicke und für einen kurzen Moment beobachte, schlägt mein Herz Schmetterbälle. Sogar mit Erde beschmutzt sieht er heiß aus.

»Wo ist Ron?«, fragt er mich und wischt sich den Schweiß von der Stirn. Dabei verteilt er den Schmutz auf seiner Haut, ohne es zu merken.

»Der hat einen Termin. Bist du so weit, wir haben nicht viel Zeit.«

Kai nickt. Er schüttet den Korb mit dem Unkraut über dem Kompost aus und nimmt die Harke. Beides stellt er ordnungsgemäß im Geräteschuppen ab.

Dann gehen wir los und reden kein Wort. In meinen Kopf herrscht Chaos. Seine Nähe versetzt mich fast in eine Ohnmacht, während ich versuche, gleichmäßig zu atmen.

Als wir die Gefängnisduschen erreichen, die zu diesem Zeitpunkt nur mit Sondergenehmigung betreten werden dürfen, bin ich erleichtert.

»Zieh dich aus und wasch dir den Schmutz von deinem Körper!«, befehle ich ihm, nachdem ich die Tür hinter mir verschlossen habe.

»Da kann ich waschen, wie ich will, der Dreck wird nicht verschwinden«, sagt er und grinst mich an.

Ich verstehe die Zweideutigkeit seiner Worte und atme tief durch. Er ist mir ebenbürtig und sein inneres Feuer ist gefährlich für mein Gemüt. Die lodernden Flammen, die ihn umgeben, und das Knistern, das er damit in mir auslöst, brennen meinen Verstand nieder. Ich kann nichts dagegen tun. So sehr sich meine Dominanz gegen das Prickeln in meinem

Schoß wehrt, die fehlende Empathie in ihm schlägt sie zu Boden. Er ist furchtlos und nicht aus der Ruhe zu bringen. Doch die Stille täuscht. Mein Bauchgefühl sagt mir, dass er ein Pulverfass kurz vor der Sprengung ist, und die Explosion gewaltig sein wird.

Kai zieht sich nackt aus und sieht mich dabei feurig an. Beim Anblick seines muskulösen Körpers und seiner Männlichkeit höre ich fast auf zu atmen. *Was für ein geiles Stück!*, denke ich und habe die dreckigsten Fantasien.

Er geht unter die Dusche und lässt sich vom warmen Wasser berieseln, während ich an der Tür angelehnt die Körperwäsche beobachte und mit der Zunge schnalze.

Seine Wirkung auf mich bleibt ihm nicht verborgen. Er sieht mich zufrieden an und ändert sein Treiben. Langsam kommt er auf mich zu, während sein Schwanz sich aufrichtet. In seinen Augen spiegelt sich die Lust, von meinem Körper Besitz zu ergreifen. Wenn ich jetzt nicht aufpasse, verliere ich die Kontrolle.

»Was wird das?«, frage ich ihn und gleite mit der Hand drohend zum Waffengürtel.

Doch Kai ist das egal. Er ist unbeeindruckt und kennt keine Angst. Ohne den Blick von mir abzuwenden, hypnotisiert er mich, und aus irgendeinem Grund lasse ich es zu. Das erste Mal in meiner Karriere handle ich unprofessionell und verwandle mich selber in eine Gefangene.

»Du wirst mich nicht erschießen«, flüstert er mir ins Ohr, als er direkt vor mir zum Stehen kommt. Sanft legt er eine Hand auf meinen Handrücken.

»Nenne mir einen Grund, wieso ich es nicht auf der Stelle tun sollte«, fordere ich ihn auf.

»Weil du auf mich stehst und es dir nie verzeihen würdest, wenn du es verpasst hättest, einmal von mir richtig durchgefickt zu werden und meinen geilen Schwanz zu spüren!«

Als seine Worte in meinen Kopf dringen, stockt mir der Atem. Die Dreistigkeit und das Temperament, mit denen er mich einer Gehirnwäsche unterzieht, bringt mich in eine Verfassung, die mir selbst fremd ist. Er aktiviert etwas in mir, das nur auf seinen Meister wartet. Und nun ist er da, um sie aus ihrem Versteck zu locken und meine Werte zu stehlen.

»Ich glaube, du leidest an Größenwahn!«, wehre ich mich mit der letzten Kraft, während seine Augen meine Lippen anvisieren.

»Und ich glaube, eine dominante Frau ist nur so lange dominant, bis sie jemanden gefunden hat, der stärker ist als sie.«

Als seine Hand langsam über meinen Hinterkopf streicht, bewege ich mich nicht.

»Das bist wohl deiner Meinung nach du?«

»Und wie ich das bin!«, sagt er und packt grob mein Haar, während er seine Lippen auf meine presst.

Die Wucht, mit der sich seine Zunge in meinen Mund schiebt, raubt mir meine Würde und verwandelt mich in eine Sklavin der eigenen Lust. Ich ergebe mich und passe mich dem Takt an, den er mir vorgibt. Kais geöffnete freie Hand wandert über meinen Hals, während seine Lippen mich weiter verwöhnen.

Beim Küssen massiert er meine Kehle und drückt mir die Luft ab. Noch nie habe ich einen so intensiven Kuss erlebt, wie in diesem Augenblick. Erst, als er seine Lippen von meinen löst, nehme ich die Welt um mich herum wieder wahr.

Doch von meinem Hals lässt er nicht ab. Während er ihn mit der Handfläche gepackt hält und meine Atmung abdrückt, wandert sein Mittel- und Zeigefinger hoch zu meinem Mund. Er schiebt meine Lippen auseinander, streift und erkundet sie.

»Wir müssen aufhören«, flüstere ich und sehe, wie sich Kais Blick verdunkelt.

Er ist still und schenkt meinen Worten keine Beachtung. Sein Verhalten ist beängstigend und seine Seele ist leer. Ich fühle mich unwohl, weil ich nicht weiß, wie weit er gehen wird. Denn eins ist sicher: Er hat nicht vor, die Kontrolle aus seinen Händen zu geben.

Dominant drückt er seine Handfläche stärker gegen meinen Kehlkopf. Ich habe Respekt vor der Gefahr, die mich umgibt und doch erregt sie mich ungewollt. In diesem Moment gerät alles aus der Bahn.

Mit den Fingern erforscht er meinen Mund, streift über meine Zunge, um danach seine kompletten Finger in Richtung meines Gaumens zu schieben. Ich würge kurz, doch dann zieht er sie heraus und nimmt seine Hand von mir. Aber er denkt gar nicht dran, aufzuhören. Im Gegenteil. Der Sadist in ihm ist zum Leben erwacht und will sein perfides Spiel fortführen.

Erneut packt er meine Kehle und verschafft sich Kontrolle über mich. Mein Verstand schreit mich an, dass ich dieses Treiben sofort stoppen sollte. Doch ich kann nicht. Er hat mich hypnotisiert und mein Blut kocht.

Ohne Gegenwehr lasse ich mich in die Duschen führen und in die Position bringen, in der er mich haben will. Er schiebt mich unter die Duschbrause, aus der das warme Wasser regnet, und raubt mir meine komplette Autorität.

Es ist verrückt, doch Kai hat es geschafft, dass ich mich ihm freiwillig unterwerfe. Das Duschwasser prasselt auf uns beide herab, während es nur auf mir Spuren hinterlässt. Denn er ist nackt, im Gegensatz zu mir, und das Gewicht meiner Kleidung erhöht sich in jedem Moment.

Spätestens jetzt habe ich gegen alle Pflichten in meinem Arbeitsvertrag verstoßen und meine Lust über eine mögliche

Kündigung gestellt. Doch das ist mir egal. Das Verlangen nach Abenteuer ist größer. Zum ersten Mal im Leben fühle ich mich lebendig, obwohl ich weiß, dass er meinen Tod bedeuten könnte.

Mit dem Rücken an die Wand gelehnt, lege ich meine Hände auf die Fliesen und schaue ihn erwartungsvoll an. Ich japse nach Luft, während er sie mir abdrückt, und ich nicht weiß, ob das meine letzten Atemzüge sind. Gierig verleibe ich mir den fehlenden Sauerstoff ein, als er kurz von mir ablässt.

Kai packt meine Schultern und drückt mich nach unten. Er dominiert mich, und ich gehe auf die Knie. Dann schiebt er erneut zwei Finger in meinen Mund, diesmal gekrümmt.

Was ist das nur für ein kranker Kerl, frage ich mich, als er seine Finger wieder in meine orale Öffnung drängt, um mich mit ihnen zu ficken.

Jetzt ist er grober. Während seine Augen nach meiner Hilflosigkeit gieren, zwängt er seine Finger in meinen Rachen. Er steckt sie so tief in mich hinein, dass ich würge und mich fast übergebe. Aber nur fast. Denn bevor es so weit kommt, zieht er sie wieder raus. Dabei sieht er mich dunkel an.

Ich bin verwirrt und unfähig zu realisieren, was mit mir geschieht. Noch nie hat ein Mann etwas anderes als einen Schwanz in meine orale Öffnung geschoben. Ich schüttele den Kopf, will aufhören, doch Kai packt mein Haar mit der anderen Hand, sodass ich nicht wegkann. Er hat die komplette Gewalt über mich. Meine Unterwürfigkeit erregt ihn, was sein harter Bolzen verrät. Sofort stellen sich die Knospen meiner Titten auf und reagieren auf seinen Sadismus. Aus irgendeinem Grund stehe ich auf diesen Kerl und die Kontrolle, die er über mich hat.

Dann schiebt er erneut seine Finger in mich und benutzt mich für seine perfiden Fantasien. Ich habe Mühe, bei der oralen

Vergewaltigung nicht zu brechen. Immer wieder wiederholt er diesen Vorgang und bringt mich zum Würgen.

Tränen laufen mir aus den Augen und es ist mir nicht mehr möglich, die Laute der Wehrlosigkeit zu unterdrücken. Doch statt ihn von mir wegzuschieben, lasse ich ihn gewähren. Es ist krank, aber ich bin erregt wie nie zuvor. Als würde das Böse in ihm meiner Sexualität einen Höhepunkt verleihen. Ich bin in einem Rausch gefangen und will mehr.

Genau in dem Moment, als ich nach dem Wahnsinn japse, lässt er von mir ab und stellt den Wasserhahn aus. Klitschnass sitze ich vor ihm, wie eine Hündin, die auf ein Kommando wartet. Ich atme die Erniedrigung ein, während meine Muschi sich danach sehnt, dass Kai mich hart durchfickt. Dieser hat allerdings andere Pläne. Er wendet sich von mir ab und geht in die Umkleide.

»Was zum Teufel?«, frage ich und schaue ihm verdutzt nach.

Ich fühle mich so schäbig wie nie zuvor. Was soll das? Und warum lässt er mich hier sitzen, als wäre ich ein verbrauchter Gegenstand?

Ungläubig stehe ich auf und laufe ihm komplett durchnässt hinterher. Im Gegensatz zu mir ist Kai mittlerweile trocken und angezogen.

»Du bist nass«, sagt er und sieht mich leer an.

»Was sollte das?«

»Ich weiß nicht, was du meinst. Ich war duschen, und du bist mir gefolgt und hast mich angefleht, dass ich dich ficke. Du warst so geil auf mich, dass du mir sogar mit Dienstkleidung in die Dusche gefolgt bist. Aber im Gegensatz zu dir wollte ich mich nur waschen.«

Wut steigt in mir hoch. Er hat nur mit mir gespielt. Wie konnte ich so dumm sein? Was habe ich auch erwartet, das ist ein Krimineller! Zum ersten Mal im Leben fühle ich mich schwach und meine Dominanz bröckelt wie Putz von der Decke. Für einen Moment war sie sogar komplett verschwunden.

Ich nehme das nasse Diensttelefon aus der Tasche, das zum Glück noch funktioniert, um mich aus der Situation zu befreien.

»Hier ist Nelly. Die Dusche ist kaputt und beim Versuch, das Wasser auszudrehen, bin ich ausgerutscht und habe mich in eine brenzlige Lage gebracht. Brauche Hilfe«, sage ich, während Kai mich dunkel ansieht und ein gefährliches Grinsen seine Mundwinkel ziert.

»Das ist gelogen. Böses Mädchen«, sagt er.

»Halt dein Maul. Ich will nichts mehr hören.«

»Hast du dich denn gar nicht gefragt, warum ich nicht einfach deine Waffe genommen habe?«, fragt er ruhig.

»Was?«

»Ich hätte deine Waffe nehmen können und du hättest nichts getan, weil deine Muschi deinen Verstand ausgeschaltet hat.«

»Rede keinen Scheiß!«, zische ich und weiß, dass er recht hat.

»Hör zu, wenn du mir dabei hilfst, zu flüchten, dann gebe ich dir, was du willst, und ficke dich so hart durch, wie du es brauchst. An jedem Tag deines restlichen Lebens.«

»Geht's noch?!«

Kai kommt auf mich zu und streicht über meine Wange. Diesmal ist seine Berührung liebevoll und nicht derb.

»Mädel, du willst mich. Ich bin der Schlüssel, der dir in deinem Leben gefehlt hat. Dein ganzes Leben suchtest du nach einem Mann, der dir gewachsen ist und den Ton angibt. Und hier bin ich. Der Mann, der sich nach dir verzehrt und dich beschützt.«

»Das sah eben, aber ganz anders aus«, sage ich.

»Ja, und es macht dich rasend, dass ich hier den Ton angebe und nicht du, oder? Ich bin das Schiff und du bist mein Hafen. Vertrau mir.«

»Ich weiß, was du vorhast«, sage ich gefasst.

»Und das wäre?«

»Du manipulierst mich, willst mich weichkochen. Nichts, was du sagst, ist wahr. Aber ich falle auf dein Psychospielchen nicht rein.«

»Warum fällt es dir so schwer, zu glauben, dass ich tatsächlich an dir interessiert bin? Bist du dir selbst nichts wert?«

In den Moment unterbricht mich ein Kollege, um Kai abzuholen. Ich atme tief durch und sehe ein letztes Mal zu Kai, der mich noch immer selbstsicher mustert und angrinst. Dieser Scheißkerl weiß bereits jetzt, dass er mich am Haken hat.

***

Ich sitze vor den Überwachungsmonitoren und schaue den Gefangenen in ihren Zellen zu. Kai liegt auf dem Bett und starrt die Decke an.

Scheiße, warum ist er nur so attraktiv?

Seit dem Vorfall in der Dusche kreisen meine Gedanken ununterbrochen um diesen Mann, diesen Kriminellen. Immer wieder höre ich den Klang seiner Stimme, während sich seine Worte in meinem Kopf zu einem Ohrwurm verwandelt haben: »Warum fällt es dir so schwer, zu glauben, dass ich tatsächlich an dir interessiert bin? Bist du dir selbst nichts wert?« Ich höre es ihn immer wieder sagen.

Ich weiß nicht, was mit mir los ist. Mein Verstand weiß, dass es nur eine Masche von ihm ist, um freizukommen. Doch mein Herz will ihm Vertrauen schenken. Ich muss verrückt sein, auf Kais Gehirnwäsche reinzufallen. Aber der Traum ist schöner als die Realität und elektrisiert mich, sodass ich nicht anders kann, als dem Ruf meiner Seele zu folgen. Ich muss Kai helfen, sonst werde ich vielleicht nie erfahren, wer ich wirklich bin.

Fest entschlossen nehme ich mein Diensttelefon und wähle

die Nummer von Ron, der mir noch nie einen Wunsch abschlagen konnte.

»Ja, Nelly, was gibt's?«

»Hey Ron. Hast du ein Problem damit, wenn ich Kai Denker zu seinem Termin in die Uniklinik begleite und du den Neuzugang machst? Ich hätte da noch einen Weg. Du würdest mir damit einen großen Gefallen tun.«

»Stimmst du dann endlich einem Date zu? Samstag eventuell?«

Kurz überlege ich und sage dann: »Ja okay«, obwohl ich weiß, dass es eh nicht dazukommen wird.

***

Ich schließe die Zelle auf und bin wahnsinnig aufgeregt. *Nelly, du kannst immer noch einen Rückzieher machen und nichts hat Konsequenzen*, versucht mich mein innerer Wachhund zur Vernunft zu bewegen. Doch als ich Kai sehe, drängt mein Herz diesen in die Ecke.

»Wir haben einen Termin und keine Zeit zu vertrödeln«, sage ich und zwinkere ihm zu.

Mit breitem Grinsen springt er von seinem Bett hoch und ist bereit, mir wortlos überallhin zu folgen.

Als ich Kai aus der JVA führe, versuche ich, professionell zu wirken und keinen Verdacht zu erregen. Nur mein Herz klopft verräterisch schnell und führt fast eine Ohnmacht herbei, aber nur fast. Dies ist mein schwerster Kampf und vielleicht der größte Fehler in meinem Leben. Erst, als wir mit dem Polizeiwagen das Gelände verlassen, beruhigt sich mein Puls.

»Also Lady, wie ist dein Plan?«, fragt mich Kai, der auf dem Rücksitz hinter einem Gitter gefangen ist.

»Wie kommst du drauf, dass ich einen habe?«

»Menschenkenntnis.«

Ich grinse, denn meine Abenteuerlust ist zum Leben erwacht.

»Siehst du die Tasche neben mir? Da drin befinden sich Wechselsachen für uns. Wir fahren zum Mondberg am Ende der Stadt. Dort lassen wir die Karre verschwinden und ziehen uns um. Dann müssen wir ungefähr zwei Kilometer durch den Wald laufen. Irgendwann kommt ein kleines Häuschen. Das gehört meinen Eltern, die gerade im Urlaub sind. Ich habe die Schlüssel, und zwar nicht nur für das Häuschen, sondern auch für ihren Zweitwagen. Bevor nach uns gesucht wird, haben wir zwei längst den Ort verlassen.«

»Sieh an … Deine rebellische Art macht mich ziemlich heiß. Würde gern meinen Schwanz in dir aufwärmen.«

Die Worte klingen wie Balsam in meinen Ohren. Sofort sendet mein Gehirn die Botschaft in meinen Schoß und mein Slip tränkt sich mit Lust. Oh ja, ich will von ihm gefickt werden und seinen harten Pimmel tief in meiner sündigen Möse spüren.

»Gedulde dich noch etwas. Bald sind wir da, dann kannst du mit mir machen, was du willst«, sage ich und beiße mir auf die Unterlippe.

***

Nach etwa fünfzehn Minuten nehme ich die Tasche vom Beifahrersitz und öffne die Seitentür, hinter der sich Kai befindet. Selbstsicher schmeiße ich die Reisetasche mit den Klamotten, die ich in der Pause zu Hause gepackt habe, vor dem Pkw auf den Boden.

»Los Babe, mach mich frei!«, fordert er mich auf und deutet mit den Augen auf die Handschellen.

»Kann ich dir vertrauen?«

Er nickt. Einen kurzen Augenblick überlege ich. Doch dann hole ich den Schlüssel aus meiner Hosentasche und befreie ihn von den Fesseln. Kai steigt aus dem Auto und geht auf mich zu. Unsere Blicke treffen sich und sofort bin ich hypnotisiert. Er gleitet mit der Hand zu meinem Waffengürtel und nimmt die Schusswaffe heraus, während er den Blick nicht von mir abwendet.

»Ist das nicht ganz schön töricht von dir, für mich alles zu riskieren?«, fragt er.

»Ja, und dennoch habe ich es getan«, sage ich und beiße mir auf die Unterlippe.

Er wandert mit der Waffe über meinen Arm in Richtung meiner Schläfe. Ich könnte ihm die Knarre entreißen, mich wehren, so, wie ich es in der Ausbildung gelernt habe. Doch ich tue nichts. Aus einem unerklärlichen Grund finde ich es heiß, ihm die Kontrolle über mein Leben zu geben. Sollte man mich irgendwann beim Ausüben dieser Straftat erwischen, wird mein bester Freund ein Therapeut sein.

»Nenn mir einen Grund, warum ich dich nicht töten sollte«, sagt er und bohrt den Lauf in meine Haut, während er die Waffe entsichert.

»Weil sich eine Tote scheiße ficken lässt«, sage ich, ohne den Blick von ihm abzuwenden, und fahre mit meiner Hand zwischen seine Beine.

Als meine Finger seine Männlichkeit erreichen, fühle ich das, was ich bereits annahm. Die Beule in seiner Hose ist zu einem Schläger mutiert, der meine Möse schänden möchte.

»Zieh dich aus!«, befiehlt er.

Ich komme seiner Aufforderung nach und lege langsam meine Uniform ab. Seine Augen formen sich zu kleinen Schlitzen, als ich Stück für Stück meine nackte Haut zum Vorschein bringe, bis ich nur noch in Unterwäsche vor ihm stehe und der Wind mein Haar wild umherwirbelt. Das Funkeln in seinem Blick verrät mir sein Begehren und lässt meine Muschi vor Lust glühen. Obwohl die klitzekleinen Härchen an meinem Körper vor Frühlingskälte hochstehen, ist mir so heiß wie am wärmsten Sommertag.

Kais Erregung ist nicht mehr zu übersehen. Er hat Mühe, die Waffe aufrecht zu halten, mit der er mich bedroht. Seine Geilheit ist stärker als sein Ego. Ich lächle ihn an und nutze meinen weiblichen Vorteil.

»Leg die Waffe ab und nimm mich, du Bastard!«, keuche ich und befeuchte mit der Zunge meine Lippen.

Dann geht alles ganz schnell. Kai atmet tief durch und vergisst sich.

»Ach, scheiß drauf«, murmelt er und schmeißt die Waffe auf den Boden.

Der Sturm in ihm kam schleichend. Doch jetzt ist er nicht mehr aufzuhalten. Er packt meine Kehle und presst seine Lippen auf meine. Forsch dringt er mit der Zunge in meinem Mund und verbindet sich mit meiner.

Oh mein Gott, er schmeckt so gut, denke ich, als ich den Geschmack von Freiheit aufnehme. Ungestüm schiebt er mich auf die Rücksitzbank des Wagens, während ich ungeduldig die Knöpfe seiner Jeans öffne. Ich ziehe seine Hose samt Shorts herunter und lasse seinen Prügel die Luft der Sünde schnuppern. Sein Pimmel ist gewaltig und seine dicke Kuppe ein Hochgenuss. Ich rotze auf sie drauf und verteile die Spucke mit der Handfläche genüsslich auf seinem kompletten Fleisch. Diesen Vorgang wiederhole ich etliche Male, bis er vollständig in meinem Sekret schwimmt.

Mit meiner linken Hand umschließe ich den unteren Teil seines Schwanzes und mit der rechten Hand den oberen Teil. Ich blicke zu ihm hoch, während seine düsteren Augen auf mich herabsehen und mein Treiben verfolgen.

Dann lege ich los. Ich drehe die linke Hand nach links und die rechte nach rechts. Erst langsam und sachte und danach zunehmend schneller. Kai stöhnt auf, während sein Gesicht einen rötlichen Farbton annimmt. Er glüht vor

Lüsternheit.

»Das ist geil!«, keucht er.

Ich lächle ihn zufrieden an und nähere mich mit den Lippen seinem Schwanz, ohne mit dem Wichsen aufzuhören. Sachte hauche ich auf seine Eichel, aus der seine Lusttropfen laufen. Bei dem Anblick fängt auch meine Muschi an zu sabbern. Wie eine Drogensüchtige, die nach ihrem nächsten Schuss verlangt, fange ich seine Lust mit der Zunge auf.

Oh, wie gut das schmeckt, denke ich und will mehr davon. Ich stülpe meinen Mund über seine Kuppe und sauge daran, gleichzeitig werde ich mit den Händen schneller.

Er stöhnt und packt mein Haar, um mich tiefer auf seinen Schwanz zu drücken.

Sein Griff ist brutal. Instinktiv löse ich meine Hand von ihm und öffne meinen Mund ein Stück weiter für seinen Pimmel. Die Einladung versteht er. Mit der Hand an meinem Hinterkopf drückt er seinen Schwanz tiefer in mich hinein, so weit, bis ich keine Luft mehr bekomme. Ich ringe nach Atem und der Würgereiz packt mich, als er seinen dicken Knüppel tief in meine Kehle rammt. Mit dem Brechreiz kommen die Tränen.

Kurz lässt er von mir ab, zieht mein Haar nach hinten und sieht mich mit engschlitzigen Augen an. Er betrachtet meine verwischte Mascara und die Spuren seiner sadistischen Ader. Ein leichtes Lächeln umrandet seinen Mund, während ich frischen Sauerstoff einatme. Dann packt er mich erneut am Haar und schiebt mich wieder auf seinen Pimmel. Er dominiert mich so hart, als wäre ich ein Spielzeug, ohne Gefühle und ohne Empfindungen. Doch ich bin mehr. Mit ihm werde ich von einer Domina zu einer Sklavin. Ich gebe die Kontrolle aus meinen Händen und fühle mich damit freier als jemals zuvor.

»Gefällt dir das?«, keucht er.

Ich nicke und schiebe dabei seinen Schwanz noch weiter in mich hinein. Meine neu entdeckte masochistische Ader saugt die Erniedrigung auf, die von ihm ausgeht, und leitet Unmengen von Lust in meinen Schoß. Meine Geilheit befleckt den Sitz mit Nässe und mein Unterleib badet in dem Saft meiner Möse.

Kai hält dem Druck nicht mehr länger stand und reißt mein Haar zurück. Er will in mein Loch abtauchen, und zwar schnell. Wie eine Bestie fällt er über mich her und reißt mir den String runter, um seinen dicken Schwanz in meine nasse Öffnung zu stoßen. Kurz steckt er zwei Finger in meine Fotze und prüft, ob ich feucht genug bin.

»Alter, bist du nass«, raunt er und zieht seine Finger wieder aus mir heraus.

»Das liegt daran, dass du mich so geil machst«, keuche ich und lehne mich zurück, während ich mein Becken nach vorn schiebe und mich mit den Füßen an der Autodecke abstütze.

Gierig sieht Kai zu meiner Muschi und begutachtet mein Loch, das darauf wartet, von ihm gequält zu werden. Er krabbelt zwischen meine Beine und rammt seinen fetten Riemen in mich rein. Als er mich endlich ausfüllt, fühle ich nichts mehr außer Ekstase. Eine Welle von Glücksgefühlen durchströmt mein Inneres und reißt mich in ein Wechselbad von Lust und Verderben.

Wir stöhnen beide im Gleichklang, während Kai nach meinen Titten greift und sie unsanft aus meinen BH holt. Er zerdrückt meine Knospen und bringt mich mit der süßen Folter zum Schreien. Der Schmerz fließt durch all meine Poren bis zum kleinen Zeh, während sein Schwanz lustvoll weiterhin mein Inneres massiert.

»Sei still!«, schreit er mich an und verpasst mir eine Ohrfeige, die sofort durch einen Kuss von ihm abgelöst wird.

Die Demütigung und die Härte, mit der er mich bumst, berauschen mich so sehr, dass ich kurz vor einer Explosion stehe. Mir wird sekündlich heißer und der Druck in meinem Schoß ist nicht mehr auszuhalten. Während unsere Zungen wild miteinander spielen, überrollt mich der Höhepunkt wie ein Panzer. Mein Körper gerät aus dem Gleichgewicht und ich zucke unkontrolliert zusammen. Kai hält mir mit der Hand meinen Mund zu und unterdrückt meine Lustschreie, doch gänzlich kann er sie damit nicht stoppen.

Er presst seine Lippen an meinen Hals und kitzelt meine Haut mit seinem Atem, während auch er sich in meiner Nähe komplett verliert. Seine Atmung wird zunehmend schneller, und ich weiß, dass er gleich seinen Saft in mich hineinschießt. Mit meiner letzten Kraft presse ich meine Beckenmuskeln zusammen, um ihm einen intensiveren Orgasmus zu bescheren. In dem Moment beißt mir Kai unerwartet in den Hals und mutiert zum Vampir. Ich schreie auf und mein Schmerz bringt ihn zum Höhepunkt. Mit einem lauten Stöhnen pulvert er sein Magazin in meine Muschi und beendet unser Liebesspiel.

***

Kai hat sich auf den Boden gelegt und ist fix und fertig. Er ringt nach Luft und seine Gesichtsfarbe ist gerötet. Plötzlich wird mir klar, wie das Verlangen nach ihm mein Leben zerstört, das ich mir in all den Jahren mühsam aufgebaut habe.

»Du bist wirklich 'ne krasse Braut!«, sagt er und blickt in den Himmel.

»Und du bist Gift für mich und mein Leben. Du hast mich von Anfang an nur für deinen Vorteil ausgenutzt, und wenn ich dich weiterleben lasse, werde ich mein Leben verlieren. Das ist mir jetzt klar«, sage ich und richte meine Waffe mit zittriger Hand auf ihn.

Gefasst und unerschrocken sieht er mich an. »Ach Babe, die Wahrheit ist doch, dass du, bevor du mich gekannt hast, nie wirklich gelebt hast. Ich bin wie du, und wenn du mich jetzt tötest, tötest du einen Teil von dir! Pack die Waffe weg und leg dich zu mir«, fordert er mich auf.

Wieder lasse ich mich von seinen Worten beeinflussen und kann meinem Impuls, mich in seine Arme zu begeben, nicht widerstehen. Obwohl ich die Schusswaffe herunternehme, löst sich dabei ungewollt ein Schuss und unser Schicksal ist besiegelt. Keinem von uns beiden war vorhin klar, dass die von Kai entriegelte Waffe an meiner Schläfe nach dem geilen Fick seinen eigenen Tod bedeuten würde.

NICHT VERPASSEN: KOSTENLOS PER POST ...

»DEINE VERFICKTE DUNKLE SEELE«

DIE EROTISCHE ZUSATZGESCHICHTE

SCHNEIDE DIR DIE POSTKARTE AUS
UND SCHICKE SIE AUSGEFÜLLT ZURÜCK!

- ❑ Ja, ich möchte am iPad-Gewinnspiel teilnehmen.
- ❑ Bitte schicken Sie mir die kostenlose Internet-Story »Deine verfickte dunkle Seele« ausgedruckt per Post an meine folgende Adresse.
- ❑ BUCH-ABO / E-BOOK-ABO: Sie erhalten jedes neue Buch versandkostenfrei direkt und unverbindlich zugeschickt und zahlen bequem per Lastschrift oder Rechnung. Bei Nichtgefallen können Sie es einfach zurückschicken! Dies ist kein Club, kein Kaufzwang!

❑ Herr ❑ Frau

Name, Vorname

Straße, Hausnummer

PLZ, Ort

Land　　Geburtsdatum

E-Mail (für aktuelle Informationen)

Wie haben Sie von diesem Buch erfahren?

Wo haben Sie dieses Buch gekauft?

Infos zur Datenverarbeitung unter: blue-panther-books.de/de/datenschutz.html

Ebony White - Unberechenbare Gier | 7. Auflage | EW3 | 2663

Bitte freimachen falls Marke zur Hand

Antwort

blue panther books
Osterfeldstr. 12-14 | Haus 1 | Nord
22529 Hamburg
Deutschland / Germany